그럼에도, 사랑하라

그럼에도, 사랑하라

초판 1쇄 발행 2023년 11월 11일

지은이 서창덕
펴낸이 정성욱
펴낸곳 이정서재

편집 정성욱
마케팅 정민혁

출판신고 2022년 3월 29일 제 2022-000060호
주소 경기도 고양시 덕양구 무원로6번길 61 605호
전화 031)979-2530 ㅣ FAX 031)979-2531
이메일 jspoem2002@naver.com

여러분의 소중한 원고를 기다립니다.
jspoem2002@naver.com

힘든 세상 속에서도 나를 찾는 것보다 더 위대한 발견은 없다

그럼에도, 사랑하라

서창덕 지음

이정
서재

진리를 찾는 사람은
찾을 수 있을 때까지
끝까지 찾아야 한다.

– 도마복음

서문

지금 여기는 일본의 후쿠오카다. 새벽 3시에 일어나 이 글을 쓴다. 보통 이 시간에는 글을 쓰지 않고 명상을 한다. 나는 늘 욕망과 망상을 떨치려 애쓰는 수행자다. 그래서 나는 가장 큰 욕망을 일으키는 사랑이라는 단어를 좋아하지 않았다. 그런데 보다시피 이 책의 제목은 '사랑'이다. 처음에는 이 제목이 아니었다.

지금으로부터 4년 전인 2019년 1월에 나는 이번에는 기필코 깨달음을 얻고야 말겠다는 각오로 30년 넘게 근무한 직장에 사표를 던지고 북인도 히말라야에 있는 수행자의 도시 리시케시로 떠났다. 떠나기 1년 전인 2018년에 나는《당신은 길 잃은 신이다》라는 책을 썼고, 그 책을 보고 어떤 수행자가 영어로 된 책 1권을 가져왔는데 그 책은 내 책과 비슷한 내용을 다루고 있었다. 비슷하기만 했다면, 굳이 나는 좋은 직장을 그만두고 머나먼 인도로 떠나진 않았을 것이다. 내 책이 전구 1개의 밝기라면 그 책은 무려 1천 개쯤 되는 밝기였다.

지금까지 그랬던 것처럼, 다시 떠나야 할 때였다. 이건 의심의 여지가 '1'도 없는 완벽한 신의 표지였다. 눈 덮인 히말라야가 또다시 나를 부르고 있었다. 이번의 소리는 그 어느 때 보다 크고 우렁찼다. 나는 이번에는 기필코 깨달음을 얻고야 말겠다는 각오로 직장에 사표까지 던졌다. 그렇게 나의 세 번째 인도여행은 결행되었고 이 책은 그때의 기록이다.

지금 나는 일본의 후쿠오카에 있다. 인도 요가 니케탄의 비법을 이어받은 유일한 생존자인 기무라선생을 만나기 위해서다. 선생은 77세의 나이가 믿어지지 않을 정도로 빛났고 늘 고요했다. 선생이 현해탄을 건너온 내게 스승 마하라지의 말씀을 대신 전했다.

"깨달음을 얻기는 쉽습니다.
어렵고아픈 사람을 치유하고가르치는게 가장어렵습니다."

정신이 번쩍 들었다. 비로소 나는 완전한 깨달음도 사랑이 없으면 부족하다는 의미를 알았다. 그래서 이 책의 제목이 '사랑'으로 바뀌었다. 여러분도 이 책에서 사랑에 한 걸음 다가가기를 바라며, 부족한 나를 끝까지 이끌어준 위대한 스승 마하라지께 깊은 감사를 드린다.

2023년 8월, 후쿠오카 天神에서.

꿈의 표지

늙은 왕이 말했다. 표지를 따라가라.
The old King said, Follow the sign.
– 연금술사

　누군가 깨운 듯 잠에서 깼다. 비행기는 히말라야 상공을 지나고 있었다. 이어폰에는 요요마의 첼로연주 〈타이스 명상곡〉과 〈히말라야의 속삭임〉이 흘러나오고 창밖은 깜깜했다. 비행기가 아직 고도를 낮추기 전이라 어두운 구름이 저만치 아래로 지나갔다.

　그때 구름 사이로 번개가 쳤다. 비행기의 두꺼운 창문이 소리를 차단하기 때문인지, 아니면 멀기 때문인지, 천둥소리는 들리지 않았다. 한동안 번개는 10초쯤의 간격으로 계속되었다. 소리 없이 번개가 치면 구름 사이로 검은 산의 윤곽이 드러나고 멀리 산 아래 웅크린 작은 마을이 모습을 드러냈다.

10분쯤 지나자 번개는 환영식 폭죽처럼 여기저기서 동시에 터지기 시작했다. 실내등을 완전히 끈 상태라 비행기 안의 승객들은 모두 깊이 잠들었고 승무원조차 지나가지 않았다. 오로지 나만을 위해 폭죽이 터졌고, 번개가 칠 때마다 나는, 나를 향해 열려 있는 의식의 분명한 존재를 느꼈다. 그건 내 안에 있다고 해도 무리가 없었다.

새벽 1시. 드디어 아시아나 OZ108 비행기는 인도 델리의 인디라 간디 공항에 도착했다. 그러나 아직 갈 길이 멀다. 한 번의 비행기를 더 타야 한다. 히말라야 인근 데라둔으로 가는 첫 비행기는 아침 9시다. 아직 여덟 시간이나 남았다.

공항 밖의 호텔을 잡기도 애매한 시간이라 나는 불 꺼진 공항 한 켠의 카페에서 의자 몇 개를 붙여 새우잠을 청했다. 몸은 고달파도 마음은 괜찮았다. 그러나 인디라 간디 공항은 나 같은 공항 노숙자에게 편안한 밤을 제공할 수 없다는 듯 짧은 음악을 반복적으로 틀어댔다. 짧은 광고 음악을 여덟 시간이나 계속 들어야 한다는 건 생각보다 훨씬 고통스럽다. 어찌나 큰지 이어폰도 소용없었다.

예상했던 것보다 훨씬 불편한 밤을 보냈지만, 나는 무사히 아침 9시 첫 비행기를 탔고 히말라야 인근 데라둔공항에 도착했다.

생각보다 공항은 작았고 커피와 토스트를 파는 가게가 전부였지만, 까마득히 즐비한 히말라야 설산의 봉우리를 파노라마처럼 찍은 큰 사진이 한가득 들어왔다. 히말라야인데, 다른 무엇이 필요하겠는가. 사진은 당당했고 나도 동의했다. 아, 드디어 히말라야다.

공항이 있는 데라둔은 2차 세계대전 중 영국군의 포로수용소가 있었다. 1997년에 발표된 영화 〈티베트에서의 7년〉에서 산악인 하인리히(브래드 피트)가 히말라야 등반 도중에 눈사태를 만나 실패하고 하산하는 길에 영국군에게 붙잡혀 갇힌 곳이 바로 지금의 데라둔공항 지역이다.

이곳 데라둔에서 브래드 피트는 네 번의 탈옥 실패 끝에 다섯 번째 겨우 성공해 리시케시 인근으로 갔고 그곳에서 무려 1500킬로를 걸어 히말라야 국경을 넘었고 티베트의 어린 달라이 라마를 만난다. 존 윌리엄스가 음악을 맡았는데 요요마가 첼로연주를 맡았다. 요요마의 첼로를 들으면 끝없이 펼쳐진 눈 덮인 계곡과 히말라야 봉우리가 떠오른다.

브래드 피트가 목숨을 걸고 다섯 번의 시도 끝에 탈출에 성공한 바로 그곳 데라둔에 나는 스스로 왔다. 나 또한 진리를 찾을 수만 있다면 1500킬로를 걸어 히말라야를 넘을 각오가 되어 있다.

공항 문을 나서자 멀리 히말라야 봉우리에서 내려온 싱그러운 바람이 환영하듯 뺨에 한가득 밀려왔다. 나는 최종목적지인 리시케시의 요가 니케탄 아쉬람으로 향했다. 차가 지나가는 길가에 원숭이 가족이 잠이 덜 깬 졸린 눈으로 나를 바라봤다. 코끼리를 조심하라는 경고판도 보였다. 동물원에서나 볼 수 있는 코끼리를 길에서 조심하라니. 여기는 진짜 히말라야 설산雪山이 시작되는 수행자들의 천국 리시케시다.

차례

마지막 승부

'마지막 승부'는 내가 30대 초반이던 1994년에 유명했던 청춘 드라마다. 그때는 나름 재밌게 본 드라마였는데 지금은 어떤 내용이었는지 출연 배우가 누구였는지조차 기억이 나지 않는다. 그런데 드라마에 나왔던 '마지막 승부'라는 제목의 노래와 가사는 지금도 흥얼거릴 정도로 기억에 남아 있다. 갑자기 이역만리 리시케시에서 그 노래가 떠올랐다.

내 전부를 거는 거야.

모든 순간을 위해.

넌 알잖니.

우리 삶에 연습이란 없음을.

　살아오면서 힘든 시기가 찾아오면 나도 몰래 이 노래를 흥얼거렸다. 내 전부를 걸어 마지막 승부를 겨룬다는 내용도 좋고 우리 삶에 연습이 없다는 가사도 맘에 들었다. 세상에 공짜는 없다. 등가교환의 법칙. 소중한 걸 얻으려면 소중한 걸 걸어야 한다.

　야구시합에도 승부처가 있듯이 인생도 전부를 걸어야 하는 중요한 순간이 있다. 인생은 연습이 없다. 승부처에서는 내 영혼까지 갈아 넣어야 한다. 내가 30년 공들인 직장에 사표를 던지고 리시케시행을 결심한 것은 지금이 내 인생의 가장 중요한 승부처임을, 그것도 9회말 투아웃의 마지막 기회임을 알았기 때문이다.

　오래전부터 인도인들은 가족과 사회에 대한 책무를 다하면 깨달음을 얻기 위해 길을 떠났다. 나중에 자식이 보고 싶어 찾아와도 만나주지 않고 스승 밑에서 걸식하며 오로지 수행에만 힘썼다. 지금도 인도에는 그런 전통이 남아 있어 환갑이 다 된 나이에 출가하는 사람들이 있다. 나도 늘 그런 삶을 동경했다. 한국에 태어났어도 인간으로서 궁극의 답을 찾아야 하는 건 똑같다. 나는 누구인가? 인생의 의미는 무엇인가?

죽으면 어떻게 되는가? 육체가 죽고 나면 모든 것이 끝나는 것인가? 아니면 또 다른 세계가 있는 걸까?

그런 질문은 사춘기 때나 하는 거라고 하실 분도 있을 것이다. 맞다. 인간은 사춘기 때 대부분 진실한 삶을 산다. 아마 그 시기가 인생에서 생동하는 기운이 가장 왕성하기 때문일 것이다. 힘이 있어야 진실을 데리고 살 수 있으니까. 그러나 이 시기는 너무 짧게 끝난다. 대부분 교묘한 핑계로 자신과 타협하거나 외면한 채.

내 사춘기는 남들보다 훨씬 일찍 찾아왔다. 일찍 돌아가신 아버지 때문이다. 정확히 알 수는 없지만 아마 다섯 살 무렵이었던 것 같다. 믿어지지 않겠지만 세상에 태어난 지 겨우 다섯 해밖에 되지 않았던 나는 늘 삶보다 죽음이 더 궁금하고 두려웠다. 농사일로 모두 나가고 없는 동안이면 나는 차가운 방바닥에 누워 뒹굴며 죽음만 생각했다.

생각한다고 알 수 있는 나이는 아니었지만 그래도 하나는 분명하게 깨달았다. 즉, 죽은 사람은 절대 숨을 쉬지 못한다는 거다. 왜? 땅속에 있으니까. 그래서 나는 죽었다 치고 최대한 숨을 참아 보았다. 폐가 터질 듯 아프고 머리가 빙빙 돌았다. 죽을 것 같았다. 죽음은 너무나 고통스러운 것이었다. 그리고 아무도 도망갈 수 없었다. 나도, 가족도, 다른 사람들도,

누구나 한 번은 겪어야 하는 너무나 큰 고통이었다.

태어나지 않았으면 이런 고통을 당하지 않을 텐데. 왜 우리는 태어났을까? 인생은 도대체 무슨 의미가 있는 걸까? 아무리 깊이 생각해도 도무지 알 수 없었다. 엄마에게 물어도 뾰족한 답을 들을 수 없었다. 엄마. 죽는다는 게 뭐야? 뭐긴. 그냥 잠이지. 그냥 낮에 열심히 일하고 밤에 피곤해서 쓰러져 잠드는 것과 같은 거야.

초등학교 끝 무렵에 엄마와 나는 부산으로 이사 왔고, 드디어 중학생이 되자 구세주가 나타났다. 중학교 2학년 겨울방학이었는데 내 모든 질문에 답을 주겠다며 성경책을 옆구리에 낀 아저씨가 앞뒤로 글자가 빼곡한 광고지 한 장을 내밀었다. 여호와의 증인이었다.

큰소리를 쳤지만, 여호와의 증인들도 만족할 만한 답을 주지는 못했다. 그들의 답은 어딘지 공허하고 허술했다. 나중에 사람들은 어떻게 어린 내가 그 지독한 곳을 빠져나올 수 있었는지 궁금해했다. 그런데 사실 내가 빠져나왔다기보다는 오히려 그들이 나를 내쫓았다고 하는 게 더 맞다. 그들은 나를 귀찮아했다. 내가 너무 집요하게 질문한다며 불편해했다.

여호와의 증인들에게 쫓겨난 이후 나는 이런저런 종교와 수련단체를 전전했다. 불교, 원불교, 증산도, 명상, 단전호흡,

요가 등등. 많은 종교와 수련법들을 전전했지만, 어느 곳에서도 내가 원하는 답을 찾지는 못했다.

그런데 매우 이상하게도, 그 과정을 거치며 내 마음 한구석에는 이미 나는 깨달았다고 생각했다. 이건 매우 중요한 대목이다. 왜? 세상에는 나처럼 생각하는 사람들이 의외로 많기 때문이다.

나는 불교에서 가장 어렵다는 반야심경도 이해했고 그토록 어렵다는 간화선看話禪의 화두도 모두 꿰뚫었다. 색즉시공 공즉시색이요. 산은 산이요, 물은 물이었다. 뭐 어려울 것도 없었다. 세상은 모두 공空이었고 마음이 짓는 허상이었다. 마음 하나 돌려세우면 세상이 내 손바닥 안에 있었다.

그런데 마음 한켠에는 이게 맞나? 정말 이게 전부일까? 하는 의구심도 있었다. 분명히 나는 깨달은 존재인데 여전히 술과 고기를 좋아하고 예쁜 여자가 좋았다. 이 차이가 뭔지, 그때의 나는 몰랐다. 또 예전에 선각자인 경허선사도 비슷한 행보를 하셨기 때문에 깨달았다고 하더라도 마찬가지의 행동을 할 수 있다고 생각했다. 그러나 천만의 말씀이었다. 그건 히말라야만큼이나 큰 착각이었다.

아무튼, 그렇게 내 인생에서 가장 중요한 질문과 진실은 착각과 타협 속에 엷어졌고 급기야 내 삶에서 완전히 자취를 감추었다. 그리고 나는 세상 그 누구보다 더 돈과 명예와 출세에 눈이 멀어 미친 듯이 세상을 뛰어다녔다. 그리고 누구보다 재능이 있었다. 나는 늘 경쟁자들의 선두에서 앞서 나갔다.

그러다 서른아홉 정상이 바로 눈앞에 보일 즈음에 나는 병원에서 청천벽력같은 소리를 들었다. 심한 당뇨에 고혈압, 고지혈, 디스크, 비염, 지방간 등등. 내 몸은 세상 모든 성인병의 집합소였다. 증상을 지연시키는 것 말고는 마땅한 치료법도 없었다. 젊은 의사는 치료하지 않으면 곧 죽지만 그래도 치료하면 최대한 죽음을 지연시킬 수 있다며 남의 일처럼 웃었다.

많은 분이 동의하기 어렵겠지만 이런 말이 있다.

병病은 신神이 주신 선물이다.

지금의 나는 이 말에 100% 동의한다. 이건 내가 만든 말이 아니다. 크리야 요가를 전파한 파라마한사 요가난다, 그리고 스폴딩의 초인생활에 등장한 예수도 하셨던 말씀이다. 그분들은 왜 이런 말씀을 하셨을까? 바로 인간의 자만심 때문이다.

인간은 아프기 전에는 좀체 반성하지 않는 오만한 존재다.

죽을 만큼의 엄청난 고통이 엄습해 와야 비로소 자신의 행동을 돌아보고 잘못을 고친다. 물론 그런 고통이 와도 절대 바꾸지 않는 사람도 있다. 주는 것은 신神이지만 해석은 인간의 몫이다.

다행히 나의 해석은 선물이었다. 나는 젊은 의사가 웃으며 처방한 약을 모두 쓰레기통에 버렸다. 그리고 오로지 국선도 수련에만 매달렸다. 다행히 20년 전인 스무 살 때 배운 국선도가 불치병에 효과가 있다는 걸 기억하고 있었다. 기적처럼 내 몸의 모든 병이 나았다. 만약 그때의 병이 없었다면 지금도 나는 지구 어딘가에서 오만한 표정으로 불안한 꿈을 좇고 있을 것이다.

그런데 이게 다가 아니었다. 신은 보너스를 준비하고 있었다. 지금 생각하면 처음부터 신은 보너스가 목적이었던 거 같다.

병이 물러가고 차츰 몸이 좋아지는가 싶더니 갑자기 신神의 에너지 쿤달리니가 깨어났다. 수련 중에 이상한 빛이 보이고 한 번도 들어본 적이 없는 소리가 들렸다. 전혀 예상하지 못했고 아무도 가르쳐주지 않았기 때문에 혹시 잘못되는 게 아닌가 불안했다.

그러나 이러한 변화가 국선도에서는 거의 일어난 적이 없었던지라 적절한 도움을 받을 수 없었다. 그때 불현듯 20년 전 스무 살에 읽은 요가난다의 자서전이 떠올랐고 나는 미국으로 날아가 크리야 요가를 배웠다.

나의 큰 장점은 웬만해선 포기하지 않는다는 거다. 중학교 때 어머니는 카세트 라디오를 사주시며 혼잣말처럼 투덜거리셨다. 이놈은 어떻게든 자기가 원하는 걸 얻고야 마는 놈이라고. 그때 우리는 월세 단칸방을 전전하던 시절이라 카세트 라디오는 큰 사치였다. 그런데 온갖 이유를 동원해서 한 달 내내 졸라대는 통에 어머니는 장롱 깊숙이 숨겨 둔 비상금을 꺼내 카세트 라디오를 사 줄 수밖에 없었다.

미국에서 크리야 요가를 배우게 되자 나는 날아갈 듯 기뻤다. 중학교 때 영어공부를 핑계로 기어이 카세트 라디오를 손에 넣었을 때보다 더 기뻤다. 이상한 빛과 소리는 바로 쿤달리니의 각성 때문이었다. 크리야 요가를 통해 많은 의문이 해결되었고 더 많은 변화가 일어났다. 그러나 미국의 지도에도 한계가 있었다. 진리의 세계는 예상보다 훨씬 더 복잡하고 더 넓고 더 높았다.

그때 우연히 범어사 옆에 있는 청련암 벽화가 눈에 들어왔다. 불교 무술의 대가이신 양익 대선사께서 그리신 벽화였는데 내가 수련 때면 늘 보게 되는 빛이 그림으로 그려져 있었다. 그러나 그림만 있을 뿐 해석은 없었다. 양익스님은 이미 10년 전에 돌아가셨고 남은 제자들도 벽화에 대해 몰랐다. 나는 무려 5년이라는 긴 세월 동안 벽화에 매달렸고 기어이 벽화의 비밀을 풀었다. 벽화의 정체는 티베트 계통의 밀교密敎였다.

5년 만에 나는 『당신은 길 잃은 신이다』라는 제목으로 청련암 비밀벽화에 관한 책을 출간했다. 그러나 나의 공부가 완성된 건 아니었다. 나는 아직도 부족했고 포기할 줄 모르는 나는 적당한 타협을 거부했다.

그때 또 놀라운 일이 일어났다. 내가 보낸 책을 본 국선도 사범이 영어로 된 책 한 권을 가져왔다. 비법이라고 해서 읽고 있는데 도대체 무슨 내용인지 몰라 고민하고 있을 때 내가 보낸 책을 보고 깜짝 놀랐단다. 나도 그가 가져온 책을 보고 깜짝 놀랐다.

두 책의 그림은 마치 한 사람이 그린 것처럼 너무나 비슷했다. 그가 가져온 책의 그림이 훨씬 더 정확하고 세밀했다. 책에는 쿤달리니 작용으로 나타나는 빛과 소리를 여러 장의 그림으로 표현했고 자세한 설명까지 있었다. 그림만으로도 이미 나는 숨이 막힐 지경이었다. 유레카! 나는 이미 55세였고, 내 모든 걸 바쳐 마지막 승부를 걸어야 할 순간이었다.

그러나 나는 깊이 신중하게 고민했다. 간단한 일이 아니었다. 인도라는 나라는 너무 멀리 있었기 때문에 지금처럼 출퇴근하며 공부할 수는 없었다. 내 나이는 50대 중반이었고 야구로 치면 9회 말이었다. 인생은 60부터인데 무슨 말이냐고 할 수도 있겠지만 석가모니 부처님이나 예수님이 깨달음을 완성한 나이는 모두 30대 초반이었다.

나는 깨달음이 체험이라는 사실을 알고부터 체력이 진리를 찾는 공부에 매우 중요하다는 사실을 잘 알고 있었다. 청담스님이《수능엄경》서문에서 귀중한 법을 얻었지만 자신은 이미 늦었다며, 늙은이는 수행할 수가 없고, 낡은 수레는 구르지 못한다며 한탄하신 이유를 나는 너무나 잘 알고 있었다.

깊이 생각한 끝에 사표를 냈다. 그런데 내 주위 사람들의 생각은 달랐다. 많은 사람이 진심으로 반대했다. 직장 밖에서도 전화가 왔다. 똑같은 말을 반복하느라 목에 염증이 생길 정도였다. 심지어 은행장도 사표를 수리할 수 없다며 말렸다.

모두 진정으로 나를 아끼는 사람들이었다. 내가 간과했던 부분도 많았다. 아직 완전한 성과급제를 채택하지 않은 한국의 직장은 나이가 많을수록, 상위직일수록 연봉이 높았다. 그래서 퇴직하기 전 3년에서 5년 사이가 대부분 연봉의 정점을 찍었다. 그래서 모두들 1년이라도 더 길게 근무하려고 애써

임원이 되려는 것이다.

그런데 나는 오히려 정점에서 기를 쓰고 3년이나 일찍 퇴직하려고 하니 그들이 보기에 바보였다. 실적도 좋고 인맥도 좋으니 임원이 되면 앞으로 최소 10년은 더 보장되는 직장이었다. 그러나, 그렇기 때문에, 나는 그만두겠다는 결심을 했다. 10년이면 60대 중반인데 돈은 벌겠지만 이미 수레는 낡아 구를 수 없을 것이다. 인생에서 이보다 더 큰 희생이 어디 있겠는가? 나보고 이렇게 큰 희생을 감수하라는 건 너무 무리한 요구였다.

또, 어떤 이는 지금까지 닦은 것만으로도 이미 충분하지 않으냐? 더 무엇을 배우겠다는 것이냐 따지는 사람도 있었다. 그러나 많이 배우고 이해했다고 끝이 아니다. 안방에 앉아 지도를 보는 것과 직접 배낭을 메고 혹한의 추위 속에서 히말라야 정상에 오르는 것은 하늘과 땅만큼 차이가 크다.

신이 마음속에 있다거나, 신은 전지전능하다거나, 편재하다거나, 사랑과 평화라거나, 무수한 단어와 설명으로 표현하지만, 그건 신에 대한 설명이지 신 그 자체는 아니다. 신은 오직 체험으로만 알 수 있다.

그리고 체험은 반드시 증거로 남는데 육신통六神通이 열려야 했다. 진실한 수행자였던 청화스님도 늘 말씀하셨던 내용이다. 물론, 이러한 증거가 목표 그 자체가 되면 안 된다. 그러나 진리를 체험했을 때 이와 비슷한 체험이 반드시 일어나야 한다. 아니면 부족한 것이므로 절대 중단해서는 안 된다.

또 가장 높은 봉우리에 오르려면 반드시 정확한 지도가 필요한데 지금까지의 지도는 너무 포괄적이고 오래되어 시대의 변화를 반영하지 못했다.

인도의 마하라지는 육체의 심장 내부에 존재하는 신을 눈에 보이는 그림으로 그렸고, 그 신을 찾아가는 방법에 대한 자세한 설명과 안내지도를 현대과학의 관점으로 썼다. 그래서 마하라지는 책에 영혼의 과학(Science of Soul)이라는 제목을 붙였다.

우리나라의 양익스님도 비슷한 시도를 하셨다. 그러나 그림은 일부였고 설명도 없었다. 스님이 이정표였다면 인도의 마하라지는 자세한 한 권의 설명서였다.

내 삶에서 이보다 중요한 일이 또 있을까? 나는 누구인가? 인생의 의미는 무엇인가? 죽으면 어떻게 되는가? 다섯 살부터 무려 50년간 매달렸던 인생의 질문을 풀 절호의 기회였다. 심장은 쿵쾅거리고 가슴이 벅차올랐다.

가혹한 시험

사람들은 오아시스의 야자나무들이
지평선에 보일 때 목말라 죽지.
무언가를 찾는 도전은
언제나 초심자의 행운으로 시작되고,
반드시 가혹한 시험으로 끝을 맺지.
- 연금술사

그러나, 늘 그렇듯 감격은 짧았다. 푸른 갠지스강이 내려다보이는 요가 니케탄 아쉬람에 여장을 풀고 일주일쯤 지났을까. 나는 길을 잃었다.

리시케시는 우리나라 읍 규모와 비슷한 작은 도시다. 구름보다 높이 솟은 설산雪山에서 굽이굽이 골짜기를 돌아 내려온 만년설이 갠지스강으로 모이고 그 강을 따라 양쪽으로 펼쳐진 사원과 사원의 뒤쪽으로 낮은 집들이 옹기종기 모여 있다. 무엇보다 설산에서 수천 리 돌아 내려온 능선이 낮게 도시를 감싸고 있어 산을 기준으로 하면 방향을 잃을 염려는 거의 없다. 그런데도 나는 길을 잃었다고 느꼈다. 정확히는 눈

앞에 있던 길이 갑자기 사라졌다고 하는 게 더 맞았다.

작지만, 리시케시는 세계에서 가장 유명한 요가의 도시다. 갠지스강을 따라 요가를 가르치는 아쉬람들이 다닥다닥 붙어 있는데 작은 가정집 규모부터 수만 평이나 되는 넓은 곳도 있다. 10만의 리시케시 인구보다 아쉬람이 더 많을 것 같은 이곳에 세계의 길 잃은 영혼들이 어둠 속의 반딧불처럼 모여들었다.

구름보다 높은 곳에 은거하는 히말라야 수행자(리시)들은 한겨울이 되면 혹독한 추위와 눈보라를 피해 잠시 마을에 내려와 몸을 피했고 그렇게 형성된 도시가 리시케시다. 인도인들이 가장 신성시하는 히말라야 설산과 설산이 낳은 갠지스강, 그리고 신비한 히말라야 수행자(리시)까지, 완벽하게 신성神性의 삼박자를 갖춘 도시가 바로 리시케시다.

그런데 1968년. 수천 년 동안 조용한 수행자의 마을이었던 리시케시는 갑자기 세상의 주목을 받게 되는데 당시 인기 절정인 비틀스가 갑자기 사라졌다가 다시 모습을 드러낸 곳이 바로 이곳 리시케시였다. 영국의 작은 도시 리버풀에서 시작해 세상의 중심 미국까지 거침없었던 비틀스는 갑자기 찾아온 실패와 죽음의 충격에 길을 잃었고, 히말라야 수행자처럼 수염까지 기르고 조용히 리시케시로 숨었다. 훗날의 스티브 잡스도 비슷했다.

그러나 나는 아니었다. 나는 이곳에 길을 찾아서 온 것이지, 그들처럼 길을 잃고서 도망치듯 숨어든 건 아니었다. 부산 김해 공항에서 인천 공항까지 400킬로, 인천 공항에서 인도 델리 인디라 간디 공항까지 4,600킬로, 인디라 간디 공항에서 리시케시 데라둔 공항까지 300킬로, 데라둔 공항에 도착해 아쉬람이 있는 리시케시까지, 그렇게 나는 이틀 동안 5천 킬로미터를 날아 리시케시에 도착했다.

불과 한 달 전 나는 은행의 잘나가는 지점장이었다. 연봉만큼 계산도 밝았다. 그러나, 나무에서 떨어지는 원숭이처럼, 내 계산은 섣불렀다.

나는 한발 늦었고 결과적으로 운이 나빴다. 마하라지가 닦아 놓은 길은 이미 사라졌고, 길이 있었던 자리는 잡초만 무성했다. 때맞춰 한사코 퇴직을 말렸던 은행에서 한 통의 문자를 보냈다. 전년도 연말정산 결과였는데 작년 한 해 동안 내가 받은 연봉이 무려 1억 9천만 원이었다.

꿈이겠지. 늘 꾸는 악몽처럼 깨고 나면 씻은 듯이 나는 다시 그 자리에 변함없겠지.

얼마나 잤는지도 모른다. 그러나 긴 잠이 지나간 뒤에도 나는 여전히 땟물과 먼지 가득한 낯선 아쉬람의 작은 방 온기

없는 침대에 새우처럼 몸을 웅크리고 있다.

문득 이대로 영원히 사라진다고 해도 괜찮겠다는 생각이 들었다. 바쁘고 복잡하게 돌아가는 현대의 관계 속에서 꼭 거창한 이별이나 죽음이 필요한 건 아니지 않는가. 만나지 않게 되면 잊게 되고 그것이 곧 관계의 죽음이다. 먼 훗날 사람들은 나를 삶의 깊은 의미를 찾아 히말라야로 떠난 특별한 사람으로 기억할 것이다. 그 정도라면 뭐 그럭저럭 괜찮은 인생의 마무리가 아닐까.

죽음이 흐르는 강가에서

태어난 것은 반드시 죽고,
죽은 것은 반드시 다시 태어난다.
그러므로 피할 수 없는 일을 위해
슬퍼해서는 안 된다.
– 바가바드 기타

— 우리, 갠지스강으로 가서 걸을까.

낯선 방에서 새우처럼 웅크린 내게 스리 유크테스와르지의 목소리가 들렸다. 물론 이미 돌아가신 분인데 그분의 목소리가 들릴 리 없다. 그러나 들리지 않을 리도 없다. 그는 바라나시의 아쉬람에서 제자들과 밤새워 토론을 벌이다가 새벽이 밝아오면 이렇게 끝을 맺었다. 우리 갠지스강으로 가서 걸을까.

요가난다는 회고했다. 희붐한 새벽 고요히 흐르는 검은 물결을 따라 걷다 보면 아침 해가 떠오른다. 아침의 태양이 강에 온기를 불어넣고 참된 지혜로 충만한 스승의 목소리가 울려 퍼지면 의식의 어둠은 걷히고 우주와 하나가 된다. 위대한 영혼에 모든 걸 내맡긴 채 안심하고 따라가는 작은 영혼들의 행복한 웃음소리.

그러나 나는 그들과 같은 행운을 타고나지 못했다. 나를 이 어둠의 길에서 이끌어 줄 스승은 없고, 참된 지혜로 넘쳐야 할 갠지스강은 검은 물결과 돌멩이 부대끼는 기척만 가득하다. 지금까지 늘 그래왔던 것처럼 익숙한 부재不在의 상태다.

이번에는 정말 확신이 있었다. 나를 이끈 마하라지의 책은 위대했다. 보이지 않는 인간의 영혼의 세계를 현대적인 언어와 감각으로 완벽하게 지도를 그렸고 해석까지 덧붙였다. 지금까지 어떤 위대한 성인聖人도 시도하지 못했던 영역이었다. 그 위대한 법을 세 군데의 아쉬람에서 무려 40년간 가르쳤다. 수천 명이 이 위대한 법을 마하라지에게 직접 배웠다. 그러나 지금 아쉬람에는 한 사람의 제자도 남아 있지 않다. 도대체 이게 어떻게 된 것일까?

나는 또 외로이 어둠이 내린 강을 걷고 있다. 희망이 보이지 않을 때 사람은 그만 사라져도 괜찮겠다는 생각을 한다. 목적과 이유 없이 그저 시간만 죽이는 삶은 의미가 없다. 그런 내 생각에 응답하듯, 멀리 강 하류에 작은 불꽃 무더기들이 떠올랐다. 어둠이 짙어질수록 불꽃의 기세는 조금씩 커졌다.

문득 1년 전 바라나시의 화장터가 떠올랐다. 그러나 갠지스 최상류인 이곳 리시케시에 바라나시 같은 화장터가 있다는 얘기는 들어보지 못했다. 강둑 바로 옆이 주택가라 아무리 인도라고 해도 일상을 유지하기 어려울 터였다.

불 무더기의 숫자에 어떤 의미가 있을까. 헤아려보니 모두 열 개다. 열 개의 불을 피운 의미가 무엇일까. 이따금 폭죽 소리도 들려 아무래도 축제 같다. 인도는 신들의 숫자만큼이나 축제가 많은 나라다.

며칠 뒤 밤에 다시 나는 강가로 나갔다. 목적 없이 시간을 죽이고 있는 사람에게 강은 좋은 벗이다. 머리에 광주리를 인 두 남자가 걸음을 재촉하고 동네 개 몇 마리가 이곳저곳 냄새를 맡다가 잠시 어둠에 잠겨가는 허공을 노려봤다. 나도 개들의 시선을 따라 허공을 보다가 딱히 갈 곳도 없어 동네 개들을 따라 걷다 보니 며칠 전 멀리서 봤던 그 불꽃 무더기 바로 앞까지 왔다. 불꽃 무더기는 그때처럼 많지는 않았다. 그마저도 끝나가는 듯 강물 옆에는 숯불만 발갛게 남은 두 무더기가 전부였다.

강둑길의 한쪽 구석에는 어둠 속에서 흰옷을 입은 여인들이 그릇과 냄비들을 챙기고 있고 남자들도 천막을 걷으며 짐들을 챙겼다. 각자의 역할들이 잘 분배된 듯 대화는 전혀 없었고 그저 짐들과 빈 그릇들이 부딪치는 소리만 들렸다. 불빛도 없는 어둠 속에서 빠르지도 느리지도 않게 움직이는 모습을 보다가 문득 나는 침묵의 이유를 알았다.

그들 중 누구도 울지 않았다. 심지어 눈치채지 않게 눈물을 훔치는 사람도 없었다. 근처를 지나는 사람도 관심이 없어 보였다. 강물도 무심히 흘렀고 가물거리는 파란 숯불의 남은 불꽃만이 누군가의 마지막을 지켰다. 어두운 강둑길 한가운데 얼어붙은 나만 부자연스러웠다. 언제나 무심히 흐르는 강물처럼 그렇게 흐르기로 약속된 무리에 나만 부족한 채로 뒤처진 느낌이었다.

나는 허겁지겁 무엇에 쫓기듯 아쉬람의 내 방으로 돌아왔다. 무서웠던 걸까. 아니면 부족함이 부끄러웠던 걸까. 부족하다고 비난해도 할 수 없다. 흐르는 강물처럼 사람도 그렇게 무심히 보내고 무심히 떠날 수 있다는 게 도무지 수긍이 가지 않았다. 모든 관절 마디가 다 아프고 머리까지 지끈거렸다.

어떻게 그들은 죽음 앞에서 저렇게 무심할 수 있을까. 여기가 만약 한국이라면? 시체를 태운 재와 연기가 저녁 밥상에 오락가락한다면 어떤 일들이 벌어질까. 아마 폭동 수준의 일이 벌어지지 않을까. 망자의 영혼을 붙잡겠다는 통곡 소리가 저녁 밥상에 앉은 사람들의 가슴을 후벼팔 것이다.

그러나 인도에서의 죽음은 낮게 두런거리는 소리만 들릴 뿐, 거의 정적이고 무심이다. 정적과 무심. 만물의 영장으로 한평생을 산 인간의 죽음 앞에 정적과 무심이라니. 너무나 섭섭하고 부족한 단어 아닌가.

사실 처음은 아니었다. 불과 1년 전 바라나시에서도 그랬다. 그때도 호텔이 갠지스강 바로 옆에 있어 나는 저녁을 먹고 강으로 나갔다. 뜨거운 낮이 시들고 어둠이 활기를 찾는 현장은 어디서나 지켜보는 재미가 있다. 시시각각 변하는 하늘의 표정이 고스란히 드러나는 고요한 강이 있다면 더할 나위 없다.

어릴 때부터 나는 낮과 밤이 교차하는 저녁을 좋아했다. 햇빛에 또렷했던 한낮의 사물들이 허공으로 사라지면 세상은 어둠만 남는다. 어둠과 함께 공포도 찾아온다. 그러나 어둠 속 현실은 대낮처럼 그대로다. 보이지 않는다고 존재하지 않는 건 아니다. 나는 어둠 너머에 있는 존재의 진실을 붙잡겠다는 듯 오랫동안 어둠 속을 바라보곤 했다.

리시케시의 갠지스는 저녁이 되면 쌀쌀하고 한산해지지만, 바라나시의 갠지스는 더운 한낮보다 어둠이 깔리기 시작할 때가 더 붐빈다. 강물에 몸을 담그며 기도하는 사람. 그 옆에 머리를 감고 양치를 하는 사람. 또 그 옆에 빨래하며 잡담하는 여인들. 더 시끄럽게 소리를 지르며 노는 아이들. 물 바깥으로 두 뿔과 머리만 내민 채 큰 눈을 굴리며 그 모두를 구경하는 검은 물소 떼.

큰 눈의 물소들처럼, 나도 그 모두를 구경하며 숨죽여 셔터를 누르고 있는데, 어디선가 재가 섞인 연기가 날아왔다. 불은 어디든 평균 이상의 볼거리를 제공한다. 더구나 여기는 인도지 않는가. 나는 더 신기한 장면을 기대하며 연기가 날아오는 곳으로 걸어가 모퉁이를 돌았다. 갑자기 시야가 넓어지며 군데군데 불꽃의 무더기들이 보였다.

내 머리가 그 장면을 받아들이는 데는 적지 않은 시간이 필요했다. 예상했던 것보다 공간이 훨씬 넓고 불꽃의 규모가 컸던 것만이 이유는 아니다. 이것을 다 설명하려면 많은 문장과 단어가 필요하다. 최대한 줄인다면 딱 한 단어다. 고요히 또 무심히 흐르는 강물 같은 정적靜寂. 분명 부산한데 아무 소리도 들리지 않았다.

그때도, 나는 무엇에 쫓기듯 호텔 방으로 돌아왔다. 그러나 나는 늘 시간이 필요할 뿐 결코 후퇴하거나 포기하지 않았다. 첫날은 가까이 가지 못했지만, 다음날은 용기를 냈다. 세계에서 가장 클 것 같은 바라나시의 노천화장터 한복판에는 전체를 조망하기 좋게 시멘트로 사각형의 단을 만들어 놓았고, 그곳에 사람들이 삼삼오오 모여 담소를 나누고 있었다.

헤아릴 수 없이 많은 시체가 불타고 있는 엄숙한 자리에 담소라는 단어는 전혀 어울리지 않는다고 생각할 것이다. 하지만 그들은 강너머에서 불구경하는 사람들처럼 지옥 같은 죽음의 현장과 동떨어져 있었다. 처음엔 그들도 외국인인 내게 약간의 경계심을 드러냈지만 이내 가벼운 말들을 나누며 자기들끼리 사진도 찍어 나도 그럭저럭 무리에 섞여들 수 있었다.

그들의 경계가 느슨해지자 나는 기다렸다는 듯 선 채로 눈을 감았다. 심각한 죽음의 현장에서 미안한 마음이 없지 않았지만 두 번 다시 오기 힘든 기회를 놓치고 싶지 않았다. 가부좌를 틀고 싶었지만, 그건 너무 과한 행위였다.

그동안 내가 읽은 인도의 명상 책에는 화장터에서 명상하는 장면이 여러 번 등장한다. 책을 읽을 때마다 항상 나는 그 장면이 거짓말이라고 생각했다. 화장터에서 어떻게 명상을 한단 말인가. 아무리 이해하려 해도 이해되지 않았고 상상조차 불가능했다.

예를 들어 부산에서 가장 큰 화장장인 영락공원에서 명상을 한다고? 어떻게 그런 슬픈 통곡의 자리에서 한가로이 명상한단 말인가. 화장터라면 또 얼마나 귀신들이 많겠는가. 대기실의 TV화면으로만 봐도 섬뜩한데, 바로 앞과 옆, 수십 구의 불구덩이에서 살이 타는 냄새와 소리, 이상한 향내가 뒤섞인 메케한 악취, 하얀 재가 얼굴과 콧구멍에 날아오는 그 한복판에서 명상이라니. 도저히 믿어지지 않는 일이었다.

그런데 갑자기 내게 그런 상황이 왔다. 믿지 않는 나를 미워하는 누군가가 나를 불쑥 그런 상황 속으로 밀어 넣은 것 같다. 그렇다면, 기꺼이 나도 확인해보겠다는 듯 선 채로 눈을 감았다. 결과부터 말하자면 나는 완전하게 믿게 되었다. 왜 바라나시를 신성한 곳이라고 하는지 비로소 나는 알았다. 참으로 어울리지 않는 일이지만, 화장터는 웬만한 사원보다 훨씬 강하고 신성한 기운으로 넘쳤다.

왜? 신은 신성한 신의 집에 머물지 않고 이런 생지옥 같은 곳에 머무는 것인가. 궁금했지만 넘치는 기운으로 정신은 아득해지고 깊어졌다. 아예 가부좌를 틀고 앉아 묵상을 더 하고 싶었지만, 명상은 금방 깨졌다. 누군가 우리가 있는 쪽을 향해 손짓하며 부르고 있었다.

강물 바로 옆 불꽃 무더기 옆에서 연탄집게 같은 쇠막대기로 불 무더기 안을 휘적대던 남자였다. 남자는 타고 남은 큰 뼈들을 골라내고 있었다. 색깔이 검고 아직 연기가 피어오르고 있었지만, 그가 한쪽 손에 들고 있는 뼈의 형태는 멀리서도 알아볼 수 있을 정도로 인체에서 가장 큰 엉덩이뼈였다.

설마 유일한 외국인인 나를 부르는 건 아닐 테지. 그래도 분명 방향으로 보아 나인 것 같은데 뛰어가 봐야 하지 않을까, 2초만 더 흘렀다면 나는 분명 그에게 뛰어갔을 것이다. 그런데 바로 내 옆에 서 있던 댓 명이 우르르 그곳으로 몰려갔다. 바로 옆에서 가끔 사진을 찍고 카페처럼 담소를 나누던 그들이 사실은 검은 뼈만 남은 망인의 가장 가까운 가족이었다. 그러니까 그 전망대 위에 모인 사람들이 모두 고인의 자식이나 혈육이었다.

내 옆에서 뛰어간 사람들이 한 무더기의 타다 남은 장작 주위에 모였다. 그리고 고인의 큰아들쯤 되어 보이는 남자가 골반으로 보이는 뼈 하나를 들고 허공에다 몇 번 돌리는 간단한 이별의식을 한 뒤 죽음처럼 어둠이 내린 검은 갠지스강물에 던졌다. 남자들도 합장하며 고인을 향해 마지막 묵례를 하고는 돌아서서 다시 잡담을 나누며 총총히 인파들 속으로 사라졌다.

문득, 불과 1년 전 바라나시의 그 장면이 떠올랐고 그때처럼 다시 나는 눈을 감았다. 그러자 두려운 마음이 사라지고 무심히 흐르는 강물처럼 정적靜寂이 찾아왔다. 바깥은 아직 시끄러운데 아무 소리도 들리지 않았다. 아무것도 없는 정적 속에서 어디선가 작은 진동이 떠올라 커지더니 어느 틈에 나를 가득 채웠다.

다시 나는 1년 전의 바라나시처럼 신성한 생명의 진동으로 아득해지고 깊어졌다. 죽음이 고여 정적을 만들고 마지막일 것 같은 정적 속에서 거짓말처럼 또 다른 진동이 시작되었다.

참나는 태어나지도 죽지도 않으며,
영구하고, 불변하며, 항상 같다.
비록 육체가 살해된다 해도 그것은 죽지 않는다.
-바가바드 기타

신들은 쇠 등에 산다

아쉬람에 도착한 지 일주일만에 겨우 나는 아쉬람을 둘러볼 마음이 생겼다. 리시케시는 요가를 가르치는 아쉬람의 도시이지만, 아쉬람보다 더 유명한 건 두 개의 다리, 람 줄라와 락슈만 줄라다.

줄라는 다리라는 뜻이고 람과 락슈만은 《라마야나》 전설에 나오는 두 형제의 이름이다. 람이 형이고 락슈만이 동생인데 그래서인지 하류에 있는 람 줄라가 훨씬 길고 아름답다. 전설에는 람과 락슈만 형제가 아내인 시타와 함께 바로 이 갠지스강을 건넜다고 한다. 《라마야나》는 우리나라의 단군신화처럼 인도인에겐 뿌리라고 할 만큼 중요하고 인기도 높다.

《라마야나》는 "라마의 길"이라는 뜻이다.

라마Rama는 아요다 왕국의 첫째 아들로 태어났는데 16세에 신비한 시바의 활을 휘어 이웃 나라의 공주 시타와 결혼하게 된다. 그러나 모함으로 14년 동안 추방당해 온갖 고초를 겪는다. 이때 라마가 아내인 시타, 그리고 동생 락슈만과 함께 갠지스강을 건너게 되는데 이를 기념해 생긴 다리가 바로 지금의 람 줄라와 락슈만 줄라다.

인도인들이 가장 신성하다고 여기는 갠지스강의 유래도 바로 이《라마야나》전설에 나온다. 희말라야의 큰 딸인 갠지스강은 하늘에 올라가 신의 강이 되었다. 그러나 갠지스는 무려 3만 2천년이나 고행한 수행자의 간청으로 다시 죄 많은 사람을 살리기 위해 지상으로 내려온다. 이때 하늘에서 지상으로 떨어지는 물살의 속도를 사람들이 감당할 수 없어 신들의 왕인 시바가 머리로 갠지스강을 받아서 지상에 뿌렸다.

이때부터 갠지스강은 인간의 모든 죄악을 멸하고 세상을 정화하는 성스러운 강이 되었다. 람과 락슈만 형제도 바로 이 갠지스강을 건너 의심을 벗어났고 이때부터 인도 사람들은 리시케시의 람 줄라와 락슈만 줄라 두 다리를 건너면 천국에 이를 수 있다고 믿었다.

요가 니케탄 아쉬람은《라마야나》전설 속 형의 이름을 딴

람 줄라 다리 옆 약간 경사진 산허리에 있다. 1만 평쯤 되는 큰 넓이에 명상 홀과 요가 홀, 베단타 홀, 도서관, 숙소 등 다양한 건물들이 경사를 따라 비스듬히 앉아 있고, 건물들 사이 화단에는 이름 모를 꽃들이 피어 있어 심심하지 않다. 군데군데 건물보다 높이 자란 아름드리 나무들이 오래된 아쉬람의 역사와 아쉬람이 품은 진리의 위상을 말해준다.

꽃과 건물들을 구경하다 어느새 아쉬람의 맨 위쪽까지 올라왔다. 그런데 뜬금없이 그곳에 축사가 있었다. 마침 소를 밖에다 몰아놓고 청소를 하고 있어 주위에 악취가 진동했다. 이 경건한 사원寺院에 축사가 있어야 할 이유가 뭘까. 세어보니 소는 열 마리가 넘었고 축사의 넓이도 100평은 넘어 보이는 제법 큰 축사였다. 한국이라면 족히 100마리는 키웠을 크기였다.

보통의 축사는 사람이 사는 곳에서 조금 떨어진 곳이거나 가장 아래쪽에 있어야 하는데 여기는 아쉬람에서 가장 신성한 곳이라 할 수 있는 맨 위쪽에 있다. 그러니 히말라야의 차가운 바람이 내려오면 축사의 똥오줌 냄새가 수행자들이 기거하는 숙소까지 내려갔다. 머리맡에 둔 요강처럼 도무지 이해가 가지 않았다. 젖소도 아니고 농사에 필요한 것도 아니다. 키워서 도축장에 팔아 돈을 벌겠다는 건 더더욱 아닐 것이다.

인도는 신들의 천국이라고 한다. 무려 3억 3천만의 신이 산다. 최근에는 늘었는지 3억 8천만이라는 얘기도 들린다. 그러나 그 많다던 신神은 어디에도 보이지 않고 소들만 넘쳐난다.

집에도 있고 길에도 있고 심지어 사람 다니기도 어려운 좁은 다리 위에도 있다. 그들은 아무거나 먹고 아무 곳에나 눕고 자고 배설까지 한다. 인도에서 걸을 때는 오로지 땅만 보고 다녀야 한다. 자칫 한눈을 팔았다간 소똥에 미끄러질 수 있다. 신들의 나라에서 소똥에 미끄러져 생을 마감했다면 그건 좀 곤란하지 않겠는가.

인도에서 소들은 정녕 자유로운 존재다. 차가 밀려서 가보면 거의 소 때문이다. 소들이 길 한가운데 한가로이 누워 있거나 모여 있다. 오토바이와 차와 사람들이 소를 피해 빠져나가느라 북새통이 벌어져도 소는 느긋하게 그 모두를 무심하게 지켜보며 졸거나 되새김질을 하며 시간을 보낸다. 인도의 소는 먹고 싸고 잠자는 것 빼면 특별히 할 일이 없다.

상상이 가지 않겠지만 고속도로 위에도 소가 있다. 3년 전 나는 승용차를 타고 인도의 서쪽 라자스탄 사막을 가로지르는 고속도로를 달리고 있었는데 고속도로 한복판에 소 두 마리가 한가롭게 데이트를 즐기고 있었다. 여러분은 경부고속도로 한복판에 애정행각을 벌이고 있는 두 마리의 소가 상상이 가는가? 물론 경부고속도로처럼 많은 차가 다니지는 않지만 그래도 시속 $100km$를 달리는 고속도로 위다. 나는 앞 좌석에 앉아 졸다가 깜짝 놀랐지만, 차를 모는 운전사는 침착했다. 믿어지지 않겠지만, 인도에서는 차가 사람을 치는 것보다 소를 치는 게 더 죄가 무겁다. 소들도 이러한 사실을 잘 알고 있다. 모른다면 거기서 그럴 리가 없다. 저 소만 없다면 나는 인도를 훨씬 더 사랑할 수 있을 텐데. 어떻게든 저 소를 해결하지 않는 한 인도의 발전은 없다고 나는 믿었다.

인도의 모디 총리에게 장문의 편지라도 써야겠다고 생각할 정도로 내 믿음과 불만은 컸다. 그런데 갑자기, 내 옆에 있던 누군가가 내 머릿속으로 던져 넣은 것처럼 다른 목소리가 들렸다.

— 네가 신을 찾겠다고 달려온 인도에서 번번이 실패하는 건 바로 저 소 때문이야. 네가 이렇게 소를 싫어하는데 어떻게 신을 찾을 수 있겠어?

황당하지만, 그 말에도 일리는 있었다. 인도가 소를 신성시하는 이유는 단 하나다. 그들이 인간을 신이 있는 곳으로 안내한다고 믿기 때문이다.

인도에 무려 3억이 넘는 신들이 살고 있다고 하지만 어디에 살고 있는지 볼 수도 없고 만날 수도 없다. 신전에 있는 신들은 신을 본뜬 거지 진짜 신은 아니다. 인간의 눈으로는 절대 신을 볼 수가 없다. 신은 물질 차원의 존재가 아니기 때문이다. 인간의 눈에 보인다면 그건 진짜 신이 아니다.

인간은 절대 자기 수준보다 높은 존재를 알아볼 수 없기에 신을 갈구하지만 실제 신을 만나기는 너무 어렵다. 이때 필요한 존재가 바로 안내자이고 인도에서는 그 역할을 소가 한다고 믿는다. 그래서 인도에서 소를 식용으로 먹어도 안 되고 차로 치면 사람을 친 것보다 더 죄가 무겁다. 당연하다. 이것도 모르고 신을 찾으려 했던 내가 한심하다.

인도만 그런 것도 아니다. 한국의 사찰에 그려져 있는 벽화 대부분은 심우도尋牛圖다. 여기서 소는 나를 깨달음의 세계로 안내하는 신성한 존재다. 그래서 불교국가였던 고려 때는 소고기를 먹지 않았다고 한다.

소는 바깥에만 있는 게 아니라 내 안에도 있다. 내 안에 소처럼 고집 세고 우직한 존재가 있는데 바로 내 마음이다. 불교 벽화 심우도에서도 소는 마음이다. 화내고 즐거워하는 내 마음의 정체가 무엇인지 지켜보고 연구하다 보면 그 마음이 진짜 나眞我에게 데려다준다. 소는 마음과 통하고 마음은 내 안의 진아인 신神과 통한다.

중국도 다르지 않다. 중국의 대표종교인 도교에서 소는 단전丹田이라는 밭을 가는 철우鐵牛다. 단전을 만들기 위해서는 땅을 깊게 갈아 일구어야 하는데 기운이 강해야 하므로 철우를 쓴다. 철우가 밭丹田을 갈아 놓으면 그 위에 사람이 하늘 마음의 씨를 뿌리고 그것이 자라 따듯한 기운이 되고 구름이 되면, 비로소 사람이 신의 세계인 하늘로 승천한다. 그래서 도교 수련의 핵심인 현빈玄牝이라는 글자에 소牛가 들어간다.

힌두교 최고의 신 시바는 소를 타고 다닌다. 시바Lord Shiva 는 모든 것을 파괴하고 새롭게 창조하는 최고의 신이다. 시바를 최고의 신으로 받드는 데는 특별한 이유가 있는데 바로 쿤달리니 때문이다. 평범한 사람이 쿤달리니가 깨어나 척추의 차크라를 타고 상승하면 신의 경지가 된다.

물론 다른 주장도 있다. 그들은 인도의 소가 실제 신의 능력을 갖췄다고 주장한다. 길거리에 넘치는 인도의 소들은 주로 쓰레기통에서 끼니를 해결한다. 당연히 도심 한복판에 그들이 먹을 맛있는 풀밭은 없으므로 대개는 쓰레기통을 뒤져 종이를 먹거나 버려진 음식을 먹는다. 심지어 비닐도 먹는다.

소가 진짜 신일지도 모른다고 주장하는 사람들은 바로 그들이 먹는 엄청난 양의 비닐 때문이다. 신의 능력이 없으면 어떻게 소가 그 많은 비닐을 소화하겠는가.

그렇네. 기억을 더듬어보니 소는 정말 신성한 동물이다. 인도 총리에게 편지까지 보내려고 했는데 소가 점점 좋아지고 있다. 이러다가 정말 내가 신을 깨달을지도 모른다. 전혀 예상하지 못한 곳에서 깨달음이 시작되고 있다. 혹시 지금 내가 경전에 나오는 우화처럼 흰 소가 끄는 수레에 올라탄 것인지도 모른다.

어쩌면 맞는 것도 같다. 3년 전. 나는 인도의 푸쉬카르에 세계에서 단 하나밖에 없다고 하는 브라마梵天사원을 찾아가고 있었다. 브라마는 이 세상을 처음 창조한 신이다. 기독교에서 말하는 태초의 하나님이 바로 브라마다. 그 태초의 신을 만나러 나는 뉴델리에서 서쪽으로 먼지 가득한 사막의 비포장 길을 꼬박 한나절이나 달려 겨우 어떤 마을에 도착했다.

마을 입구 공터에 차를 세우고 좁은 골목길을 따라 물어물어 하나밖에 없다는 브라마 사원을 찾아가고 있는데 흰 소 한 마리가 내 앞에서 걸어갔다. 혹시 앞에서 갑자기 똥을 싼다든지 뒷발에 차일 수도 있으니 앞질러 가려고 걸음을 빨리하면 소는 나와 경주하듯 더 빠른 걸음으로 한사코 내 앞에서 걸어갔다.

한 번이라도 인도여행을 해본 사람은 알 것이다. 인도의 소는 절대 빨리 걷는 법이 없다. 사람들이 소를 신성시해 잡아먹는 일도 없고 특별히 할 일도 없기에 소들은 늘 느긋하다. 비닐도 소화하기 때문에 굶어 죽을 염려도 없다. 심지어 고속도로 위에서도 그들은 한가롭다.

그런데 지금, 이 소는 내 앞에서, 더군다나 오르막길을, 숨까지 헐떡거리며 바쁘게 앞장서 올라갔다. 그리고는 정확히 내가 가고자 했던 그 브라마 사원 입구에 멈춰서서 나를 기다렸다.

세상에 단 하나밖에 없다는 유명한 브라마 사원은 전혀 유명해 보이지 않았다. 입구도 좁고 표지판도 없어 그 흰 소가 아니었으면 나는 분명 많이 헤맸을 것이다. 그래, 고맙다 하며 등을 두드려 주었더니 소는 유어 웰컴, 하는 표정으로 멀뚱히 먼 곳을 주시하다 잠시 가쁜 숨을 고르고는 느릿느릿 어디론가 사라졌다.

그날. 흰 소를 따라간 그 브라마 사원에서 나는 처음으로 우주의 의식 브라마를 체험했다. 나는 신과 나를 안내한 그 소에게 무한한 감사를 드렸다. 다만, 한 가지 아쉬운 건 신성한 우주의식을 체험한 장소가 브라마 사원이 아니라 소똥이 떠다니는 더러운 호수였다는 거다.

사원을 안내하는 사제가 우주의 신 브라마에게 가기 위해서는 몸을 깨끗이 씻어야 한다며 기어이 사원 바로 앞에 있는 더러운 호수로 나를 끌고 갔다. 사제의 끈질긴 요구에도 차마 목욕은 하지 못하고 시늉이라고 하기 위해 발을 담그고 손을 씻고 물방울 몇 개를 얼굴에 찍어 발랐다. 그리고 잠시 눈을 감았다. 그러니까, 명상을 하겠다는 생각은 전혀 없었다. 그저 옆에서 무리하게 요구하는 시끄러운 사제의 닦달을 피하기 위해서였다.

심각한 표정으로 눈을 감자 사제도 더는 떠들지 못했다. 아, 그런데 눈을 감자 세상이 갑자기 밝아졌다. 햇볕이 쨍쨍한 대낮에 눈까지 감았는데 뭐가 밝아졌다는 것이냐고 따지면 나도 더는 설명할 방법이 없다. 진짜 호수만큼이나 넓고 밝은 지혜가 내 몸 안으로 쑥 들어왔다. 아니다. 반대로 내가 지혜 속으로 들어갔는지도 모른다. 나도 사라지고 우주도 사라졌다. 나와 우리는 물 샐 틈 없이 완벽한 하나의 의식이었다. 그때 체험한 우주의 의식은 지금도 또렷이 기억할 정도로 이후 내 수련에 큰 길잡이가 되었다.

루시는 하늘에서
다이아몬드처럼 빛난다

Lucy In The Sky With Diamonds.
LSD를 하기 전에는 세상이 온통 권력뿐이었다.
LSD를 한 이후에는 세상이 온통 사랑이었다.
첫 번째 환각은 너무나 신비했고 나는 그 안에서 빛을 봤다.
나의 삶은 역할에서 영혼으로 바뀌었다.
- 람 다스

이게 무슨 꽃일까? 하늘거리는 빨간 꽃잎이 작은 빗방울에도 찢어질 듯 가냘프다. 나는 아쉬람의 화단 여기저기 피어 있는 빨간 꽃잎의 정체가 궁금해 한참을 들여다보았다. 처음엔 예뻤는데 오래 볼수록 감동이 식는다. 들이나 산에 핀 야생화들은 오래 들여다보고 있으면 마음을 순수하게 만드는 힘이 있다. 그런데 이 꽃은 농익은 가냘픈 여인처럼 주의를 끄는데 어쩐지 볼수록 과하고 부담스럽다. 그때 갑자기, 꽃이름이 떠올랐다. 아, 양귀비. 그래, 양귀비꽃이다. 양귀비꽃은 아편, 모르핀, 헤로인 등, 갖가지 마약의 주원료다.

뭐지 이곳은? 나는 며칠 전 아쉬람에서 축사를 본 것보다 더 큰 충격을 받고 주위를 다시 둘러봤다. 머리끝이 쭈뼛 선다. 혹시 이곳이 수행처로 위장한 마약 집단의 소굴이 아닐까? 진부한데. 요즘은 영화에도 잘 써먹지 않는 너무 오래된 설정인데. 그러나 영화로는 진부해도 이건 엄연히 영화가 아닌 진짜 현실이다.

다행히 아쉬람의 양귀비는 관상용이었다. 그런데 아무리 관상용이라도 다른 예쁜 꽃들도 많은데 하필 마약의 주원료인 양귀비를 신성한 아쉬람 화단에 지천으로 심은 이유가 무엇일까? 몇 군데 다녀보니 리시케시에 있는 다른 아쉬람에도 양귀비꽃을 키우는 데가 많았다. 그렇다면 이건 다분히 의도적이다. 혹시 마약과 깨달음이 어떤 관계가 있는 것은 아닐까? 나는 한국에서 파견된 극한직업 수사관처럼 돋보기를 들이대기 시작했다.

쉽지 않은 조사 과정이었지만, 결론은 전혀 예상 밖이었다. 매우 실망스럽게도, 내가 인생의 마지막 승부처라고 여겼던 리시케시는 신들의 천국도 아니고 소들의 천국도 아니었다. 사실은 마약의 천국이었다. 좀 더럽고 불편하더라도 소들의 천국일 때가 훨씬 좋았다.

마약을 하는 사람들은 리시케시 어디서나 쉽게 눈에 띄었다. 심지어 그들은 벌건 대낮에 대중이 이용하는 레스토랑에서 대마초를 피워댔다.

어느 햇볕 좋은 날. 나는 수행과 카레에 지친 위장을 위로할 겸 모처럼 갠지스강이 내려다보이는 전망 좋은 레스토랑에 앉아 따듯한 아메리카노 한 잔과 갓 구운 빵과 신선한 샐러드를 즐기고 있었다.

그런데 맞은편 테이블에 기타를 메고 딱 붙는 요가 레깅스를 입은 젊은 백인 커플이 이상한 담배를 피워대기 시작했다. 여자는 파라다이스 영화에 나왔던 피비 케이트처럼 머리에 들꽃을 꽂았고 밥은 먹는 둥 마는 둥 기타를 치며 노래까지 불렀다. 처음엔 조용한 노래로 시작하더니 갈수록 약 기운이 동하는지 술 취한 사람처럼 고래고래 고함을 질러댔다. 옆 테이블에 있던 사람들도 하나둘 나가버렸다. 아, 모처럼 마음먹고 시킨 나의 아메리카노는 이미 식었고 대마초와 시끄러운 노래에 내 신선한 샐러드도 생기를 잃었다.

"Be quiet! Please!"

의외의 일격을 당한 백인 남자는 기타를 옆에 세워 놓고 얼굴이 벌겋게 달아올라 한동안 식식거렸다. 조용히 칠 바에는 차라리 치지 않겠다는 강력한 의사표시였다. 그러나 약에 취한 어린 커플이 기타를 치지 않고 노래도 부르지 않는다고 누가 아쉬워하겠는가. 잠시 뒤 마음 상한 마약 커플은 기타를 들고 나가버렸다.

내가 밤낮없이 수행하고 있는 아쉬람에도 수시로 마약을 팔러 오는 사람이 들락거렸다. 갓 서른 살쯤의 남자는 의외로 선량하게 생겼는데 올 때마다 개가 먹을 사료를 한 부대씩 갖고 왔다. 그가 오면 아쉬람을 지키는 사나운 개들도 꼬리를 흔들며 좋아했고 아쉬람에서 일하는 인부들도 좋아했다. 아쉬람에 핀 양귀비꽃들은 혹시 저 잘생긴 마약상이 선전용으로 심어놓은 게 아닐까? 견물생심이라지 않는가. 그나저나 왜 리시케시는 마약의 천국이 되었을까? 나는 수사의 고삐를 더 죄었다.

앞서 언급했지만, 리시케시가 유명해진 건 순전히 비틀스 때문이다. 비틀스가 오기 전까지 리시케시는 히말라야 수행자들이 머물던 조용하고 성스러운 수행 공간이었다. 그런데 1968년에 난데없이 비틀스가 리시케시에 나타났다. 너무 오래전 일이라 이해가 안 될 수도 있다. 요즘으로 치면 BTS(방탄소년단)가 네팔의 어느 작은 산골 마을에 나타났다고 생각하면 된다.

아직 20대의 젊은 나이였지만, 비틀스는 진짜 히말라야 수행자처럼 수염과 머리를 기르고 몇 달이나 리시케시에 머물렀다. 그들의 수발을 드는 사람들만 170명이 넘었다고 하니 몰려드는 기자들과 팬들까지, 그 작은 도시가 어떻게 되었 겠는가. 하루아침에 무명의 리시케시는 비틀스만큼 유명해 졌다.

무엇이 그들을 이 깊은 수행의 도시로 이끌었을까? 흰 소 가 끄는 수레였을까? 모두 아니다. 그들을 이끈 건 LSD였다. LSD는 코카인이나 필로폰보다 무려 300배 이상의 환각효과 가 있다고 한다.

1965년의 일이다. 전하는 바로는 조지 해리슨과 존 레넌 이 치과의사와 부부동반으로 저녁을 먹는데 치과의사가 커 피에 몰래 LSD를 탔다고 한다. 약 기운이 돌자 존 레넌은 알 수 없는 공포에 시달려 자꾸만 숨으려 했지만, 조지 해리슨은 신神과 만나게 된다.

이럴 수가. 로커에게 전혀 어울리지 않는 신이 나타났다 니. 정말 그랬을까. 믿기 어렵다. 누구는 수십 년 수련해도 신 을 만나지 못했는데 마약 한방에 곧장 신과 만났다니. 그것도 전혀 신과 어울리지 않는 로커가.

그가 만난 것이 무엇이든 간에 이후 조지 해리슨의 삶은 완전히 달라진다. 그 자리에 없었던 폴 매카트니도 나중에 마 약을 통해 신을 만나게 된다. 정말 운이 좋은 사람들이다.

아무튼, 이때부터 비틀스는 LSD에 몰입했고 유독 많이 애용했던 존 레넌은 1967년에 루씨가 하늘에서 다이아몬드처럼 빛나고 있다며, LSD가 연상되는 "Lucy in the Sky with Diamonds"라는 제목의 노래를 만들었다. 존 레넌은 아니라고 부인했지만, 앨범의 영상과 가사를 보면 환각 상태를 표현한 게 분명하다. 최근에 폴 매카트니는 그 곡이 LSD와 관련된 게 맞다고 고백했다. 그런데 하늘이 벌을 내린 걸까. 마약에 취해 이 앨범을 발표한 1967년, 그들의 정신적 지주이자 동료였던 매니저 앱스타인이 갑자기 심장마비로 사망하게 된다.

매니저가 죽고 연이어 영화도 실패하자 승승장구하던 비틀스는 최대의 위기를 맞는다. 이때 초월명상을 개발한 인도의 마하리시 마헤시를 만나게 되는데 런던의 강연회에 흰 수염을 휘날리며 나타난 마하리시는 LSD에 의존하지 않고도 명상을 통해 더 강한 황홀감과 예술적 영감을 얻을 수 있다며 비틀스를 설득했다. 6개월 후 비틀스는 리시케시의 마헤시 아쉬람에 수염을 기른 수행자가 되어 기자들에게 발견되었다.

그렇다면, 비틀스는 리시케시에 가서 완전히 마약을 끊었을까? 아니다. 그들을 이끈 초월명상의 창시자 마하리시 마헤시는 여자와 돈만 밝히는 가짜였다. 그리고 리시케시는 세계적인 록스타가 머물기에는 너무나 무료했다. 불과 열흘 만에 드럼연주자 링고 스타가 떠났고, 처음부터 명상에는 아예 관심이 없었던 폴 매카트니도 한 달 만에 떠났다. 가장 적극적이었던 조지 해리슨과 존 레넌도 석 달 만에 떠났다. 그러나 그들은 떠났지만, 비틀스가 있다는 소문을 듣고 달려온 히피들은 떠나지 않았다. 지금까지. 마약과 함께.

히피들에게 리시케시는 너무나 완벽한 조건이었다. 양귀비꽃은 어디에나 피어 있어 양질의 마약을 싸게 살 수 있었고 마약에 대한 반감도 없었다. 반전反戰과 평화를 외치는 그들에게 요가와 마약을 겸비한 리시케시는 안성맞춤이었다. 그렇게 신들의 도시 리시케시는 히피와 마약의 도시로 추락해 갔다.

비틀스가 리시케시에 머문 기간은 짧았지만, 그들은 무려 48곡의 노래를 만들었다. 그 곡들이 세계에 퍼지며 더 많은 히피를 리시케시로 불러들였다. 리시케시의 아쉬람마다 요가를 하는 히피족들로 넘쳐났다. 그들 속에는 비틀스와 히피 문화에 열광하는 젊고 가난한 스티브 잡스도 있었다.

스티브 잡스는 1974년부터 2년 정도 머물렀는데 리시케시를 비롯해 주로 인도의 북쪽이었다. 그는 수행자처럼 롱기를 입고 맨발로 다녔는데 미국에 돌아온 뒤에도 맨발로 다녔다. 그는 자서전에서 LSD는 인생에서 가장 심오한 경험이었으며, 그것은 동전에 다른 면이 있다는 것을 보여주었고, 일에 대한 감각을 강화했다고 고백한다. 한마디로 해롭지만은 않은, 이로운 뭔가가 있다는 거다.

고대에 인도에는 소마Soma라고 하는 신들이 마시는 술이 있었다. 신이 마시는 이 술을 인간이 마시면 단번에 깨달음을 얻고 신의 능력까지 얻게 된다는 것이다. 지금의 LSD와 매우 비슷하다. 소마를 만드는 방법이 비밀리에 전수되어 오다가 지금은 끊겼는데 이유는 이 술이 인근 마을에 큰 피해를 줬기 때문이라고 한다. 아마 심각한 부작용 때문이었을 것이다.

내가 아는 인도의 라제쉬 교수는 소마 연구로 박사학위를 받은 사람이다. 2018년에 그를 따라 실제 소마를 만들었다고 전해지는 해발 4천 미터 높이에 있는 히말라야 바드리나트에 갔었다. 내가 머무는 리시케시에서 차를 타고 장장 스무 시간이나 위험한 산길을 올라갔다. 올라가는 중간에 산사태로 무너진 곳도 많았고 완전히 거꾸로 뒤집힌 채 절벽 끝에 아슬아슬하게 매달려 있는 버스도 있었다. 눈 때문에 최고의 성지聖地 바드리나트에 갈 수 있는 기간은 1년 중 고작 서너 달에 불과해 이 시기에 집중적으로 방문객이 몰려 매우 위험했다.

그렇게 목숨 걸고 올라간 곳에서 라제쉬 교수는 웅장한 절벽을 가리키며 바로 저곳이 소마를 만들던 곳이라고 했다. 어이가 없었다. 내 눈엔 아무리 봐도 그냥 단단한 암벽의 절벽이었다. 그러나 그는 저 절벽 어디에 소마를 제조하는 곳으로 통하는 입구가 있다고 확신했다. 그러나 나는 입구를 찾을 수 없었고 소마는 구경조차 할 수 없었다.

나는 여러 정황상 소마가 지금의 LSD와 비슷했을 것으로 추측한다. LSD를 처음 발견한 사람은 스위스의 호프만 박사다. 그는 맥각균을 연구하다가 이 물질을 발견했는데 스스로 복용을 한 뒤 자전거를 타고 가다 처음으로 환각을 경험했다. 히피들은 이날을 Bicycle day라고 부르며 지금도 중요한 날로 기념한다.

LSD는 인체의 세로토닌 수용체에 달라붙어 환각을 일으킨다. 즉, 세로토닌은 행복감을 느끼게 하는 호르몬인데 일정한 시간이 지나면 인체에 재흡수되어 이성적인 사고로 돌아오게 한다. 그런데 이것이 인체에 흡수되어 사라지지 않고 그대로 남아 있으면 행복감이 지나쳐 점차 뇌의 현실인지 기능이 마비되어 이상한 장면이 보이거나 처음 듣는 소리가 들리는 환각이 나타나게 된다. 늘 새롭고 독특한 작품을 갈구하는 예술가들에게는 구세주인 셈이다.

LSD가 소마와 비슷했을 것으로 추측하는 것은 LSD의 효과가 명상의 효과와 아주 흡사하기 때문이다. 수행자도 깊은 상태에 도달하면 세상에 없는 소리가 보이고 글자도 소리로 바뀌는 특이한 경험을 하는데 관세음보살觀世音菩薩이 바로 그런 경지다. 관세음觀世音 글자의 의미가 바로 귀로 듣는 소리를 눈으로 본다는 경지다. 또 명상이 깊은 상태에 이르면 에고가 상실되면서 행복감을 일으키는 세로토닌 호르몬의 분비가 늘어난다. 뭔가 일치점이 보이기 시작하며 조금씩 문제가 풀려가는 것 같다.

수행은 무엇일까? 다시 기본으로 돌아가 보자. 모든 수행의 출발점은 육체가 나의 전부가 아님을 깨닫는 것이다. 그런데 이게 말이 쉽지 깨닫기가 무척 어렵다. 명상하는 사람도 어려운데 명상에는 관심도 없고 오로지 물질만이 전부라고 생각하는 사람에겐 씨알도 먹히지 않는다. 그래서 나는 물질인 육체에만 집착하는 사람의 의식을 속성으로 깨우는 방편으로 소마라는 약이 필요했을 것으로 추측한다.

일반적인 마약이 고통을 주관하는 신경계를 마비시켜 쾌락을 유도하는 것에 비해 LSD는 세로토닌의 재흡수를 막아 뇌의 현실 인지능력을 마비시킨다. 현실을 인지하는 능력이 좋은 기능도 있지만, 현실만이 전부인 양 맹신하게 해 무한한 진아의 의식을 눈에 보이는 물질의 한계 속에 가두는 부정적

기능도 있다.

　그런데 세로토닌에 의해 의식이 육체에서 풀려나면 현실의 한계를 벗어나게 되고 경계를 넘어선 다른 세상이 열린다. 나라는 존재가 육체라는 물질 속에 갇힌 유한한 존재가 아니라는 환각을 경험한다. 색과 소리가 물질인 내 육체를 관통해 버리면 환각 속의 나는 전혀 다른 존재가 된다. 이것이 단순히 환각이라고 단정 짓는 것도 곤란하다. 우리가 현실이라고 굳게 믿고 있는 이 세계도 고정된 실체 없이 항상 변화하는 세계다.

　스티브 잡스도 그것은 단순한 환각이 아니라, 우리가 보지 못하는 동전의 다른 면이라면서 직접 경험하지 못하면 절대 이해할 수 없다고 했다. 즉, 설명이나 이론으로 알 수 있는 게 아니라 직접 체험해야 알 수 있는 영역이라는 것이다.

　비슷한 주장이 바로 체험의 영역인 깨달음의 세계다. 석가모니 부처님을 비롯한 많은 성인은 현실이 그저 마음이 만들어낸 환상이고 눈에 보이는 것이 전부가 아니라고 주장한다. 그러나 아무리 훌륭한 분들의 주장이라도 빤히 눈앞에 보이는 현실을 환상이라고 무시하기는 너무나 어렵다. 인간의 마음은 직접 경험하고 체험하지 못하면 절대 바뀌지 않는다. 그러나 수행자가 현실을 초월하는 깨달음을 경험하고 체험한다는 것은 하늘의 별 따기만큼 어렵다. 그래서 마약을 비롯해 온갖 대체 수단이 동원되는 것이다.

예전에 인도의 아쉬람에 일부러 정신병자를 살게 했다고 하는데 이것도 대체 수단 중의 하나다. 깨달은 사람이 신의 감로에 취한 행동이 정신 나간 바보의 행동과 비슷했기 때문이다. 바보를 보며 현실과 이성이 전부일 거라는 고정된 마음을 바꾸라는 것이다. 아마 지금보다 더 과학이 발달한다면 부작용 없이 약물로 사람의 마음을 바꾸는 시기가 올 거라고 나는 믿는다. 그러나 아직 신은 인간에게 LSD를 허락하지 않았다.

요가 니케탄 아쉬람에 가득 핀 양귀비꽃들이 이제야 안심을 했다는 듯 바람에 하늘거리며 나를 보고 웃는다. 웃어? 양귀비가 정말 웃었다는 것이야? 아직도 이렇게 나오시면 곤란하다. 이제, 당신도 마음의 문을 열어야 한다.

님 카롤리 바바는 이렇게 말했다.

"물론, LSD를 복용하면,
예수님과 부처님이 계신 방으로 들어갈 수 있다.
그러나 단 몇 분만 가능하다.
그러나, 명상을 통하면,

LSD를 복용하지 않고도

신들의 세계에 머물 수 있다."

나는 LSD를 끊고 스승의 곁에 머물렀고, 신을 체험했다.

- 람 다스

길 잃은 신들은
리시케시로 간다

새벽에 잠이 깨이면 어김없이 베개 사이로 강江의 숨소리가 들렸다. 갠지스는 살아 있는 우주의 어머니라더니 정말 나를 깨운 걸까. 그만 일어나. 갠지스는 세상의 어머니처럼 나를 재촉한다. 그러나 시계를 보니 아직 너무 이른 시간이다.

2시 40분. 여기 와서부터 늘 이 시간에 잠을 깬다. 신성한 어머니치곤 너무 가혹하다. 그렇지만 나는 말 잘 듣는 착한 아이처럼 천천히 일어나 앉는다. 내겐 너무나 소중한 시간이기 때문이다. 아쉬람의 하루는 5시 30분에 시작된다. 그때까지 남은 2시간 50분은 오로지 나만의 시간이다. 나를 위하고, 나를 반성하고, 나를 만나 대화하는 시간이다.

남들은 한창 곤한 잠을 즐기고 있는데 너는 왜 이리 먼 곳에 혼자, 깨어있지? 잔다고 해결되는 일이 있을까? 또 그 소리? 또, 라니! 넌 너무 게을러. 그래. 난 게을러. 그렇다고 꼭 이 시간에 깨어 청승을 떨어야겠어? 가끔 소리가 진짜 입 밖으로 나갈 때도 있다. 조심해야 한다. 그러나 오늘은 신경 쓰지 않아도 된다. 지금 내 옆방엔 아무도 없다.

옆방, 201호 프랑스 여자는 어제 아침에 떠났다. 일주일 있겠다고 하더니 겨우 사흘만에 떠났다. 있는 듯 없는 듯 조용해서 좋았는데 오늘은 또 어떤 사람이 들어올지 걱정이다. 내가 옆방의 손님에게 원하는 건 오직 하나. 조용히만 해주면 된다. 대체로 선진국일수록, 남자보다 여자일수록 조용하다.

사흘만에 떠난 프랑스 마담은 인도의 동남쪽 바라나시로 간다고 했다. 바라나시는 여기보다 훨씬 덥다고 했더니 괜찮단다. 길도 좁고 위험하고 시끄럽고 더럽기까지 하다고 해도 괜찮다며, 자기 덩치만큼이나 큰 배낭을 가리킨다.

— I am okay! I am Free!

뭐니? 배낭에 에어컨이라도 들었다는 거야? 그녀는 어떤 이유로 히말라야 끝 리시케시까지 왔다가 겨우 사흘만에 더 힘든 바라나시로 떠나는 걸까? 바라나시 화장터를 보고 싶은 걸까. 그녀는 왜 덥고 위험하고 먼지투성이인 인도를 떠나지 않는 걸까. I am free? 음. 자유라고? 자유? 그녀는 무엇으로부터 free 해졌다는 것인가? 50대 주부 같은데. 이혼했을까? 직장은? 아이는? 떠나고 나면 더 아쉽고 궁금해진다.

그녀는 옆방에 머물렀던 사흘 동안 한 번도 명상 홀에 나타나지 않았다. 그녀는 아침에 일어나 아쉬람 밖으로 나갔다가 저녁이 되면 조용히 들어와 잠을 잤다. 들어왔는지 나갔는지도 모를 정도로 그녀는 어둠만 골라 밟는 고양이처럼 지냈다.

나도 프랑스에 간 적이 있어. 어디? 거기! 프랑스에서 제일 유명한 곳. 그 뭐지? 아, 그래, 피라미드! 피라미드? 피라미드는 이집트에 있는데? No! No! 프랑스에도 있어. 거기. 아, 유명한 곳인데.

끝내 내가 갔던 프랑스에서 가장 유명한 그곳의 이름이 떠오르지 않았다. 그녀는 끝내 내가 이집트와 프랑스를 착각하는 한국인으로 알고 떠났다. 그녀가 떠나고 나서야 비로소 그곳의 이름이 떠올랐다. 루브르. 루브르박물관이다. 이름이 어렵다. 발음도 어렵다. 못 외우는 게 당연하다. 그래도 루브르에서 제일 유명한 피라미드를 모르다니. 자기 나라면서. 모나리자라고 해야 했나.

프랑스 마담이 오기 전에 옆방에 머문 사람은 러시아인인데 키가 큰 젊은 백인 커플이었다. 저녁에 어둑한 계단에서 불쑥 마주쳤는데 여자가 헬로우 하는 바람에 나는 당황해 굿모닝! 했다. 참나. 저녁인데. 그들도 당황했는지 침묵을 지키며 자기들 방으로 들어갔다. 초면에 놀린다고 생각하지는 않았겠지. 그래도 외국어니까 헷갈리는 건 당연하다. 아닌가? 굿 이브닝. 또 이건 뭔가 발음이 매끄럽지 못하다. 굿모닝이 첫인사로 훨씬 깔끔한데. 그런 문제가 아닌가?

아쉬람은 지친 이들이 잠깐 머무는 영혼의 휴게소 같다. 어떤 이는 바닥난 연료통을 채우려 하고, 어떤 이는 깨달음을 위해 요가가 필요하다. 가끔은 뭐가 필요한지 모르는 사람도 있다. 가끔이 아닐지도 모른다. 나도 그런가? 그런데 당신은 아닌가?

— 뎅그렁! 뎅그렁!

5시 15분. 아쉬람의 종소리가 어둠을 깨운다. 여기서는 내 어릴 적 초등학교처럼 종을 친다. 오늘도 나는 또 요가 매트를 메고 아쉬람의 명상 홀로 향한다. 히말라야 설산雪山에서 내려오는 차가운 바람에 큰 나무들도 몸을 떨며 웅얼거린다.

하늘엔 드문드문 별이 떠 있고 키 큰 나무들 사이로 작고 창백한 하현달이 쓸쓸하다. 그래도 요가 매트를 메고 어딘가를 향하는 기분은 그 자체만으로 알 수 없는 만족이 있다. 이게 이해된다면 당신은 수행자다.

명상 홀에 들어서니 오래된 작은 스피커에서 가야트리 만트라Gayatri Mantra가 흘러나온다. 옴 부 부바스바하……. 모든 요가 수행자가 좋아하는 만트라다. 나는 가야트리 만트라에서 '가야'라는 나라 이름이 유래되었다고 생각한다. 전혀 근거가 없다고? 김수로왕의 왕비 허황후는 인도의 아유타국에서 왔다.

아침 명상Morning Meditation은 5시 30분부터 6시 30분까지 1시간 동안이다. 가르치는 늙은 선생이 있지만 가르쳐 주는 것은 없다. 그냥 앉아 각자 명상을 하는 시간이라 참석률이 저조하다.

오늘은 일본인들이 눈에 띈다. 일본인 인솔자는 흰머리가 희끗희끗한 60대 할아버지인데 대개는 열 명 안팎의 인원을 데려와 일주일쯤 머문다. 가끔 중국인이 섞일 때도 있다. 한국인이 가장 귀한데 더군다나 나 같은 장기 투숙객은 처음이란다.

그래도 동북아시아인들의 자세가 좋고 진지하다. 유럽인

들 중에는 매트를 깔고 드러눕는 사람도 있다. 책상다리가 힘드니 누워서 명상하는 사람처럼 행동한다. 그러나 자주 코를 곤다. 물론 늙은 선생은 상관하지 않는다.

아침 요가Morning Yoga는 6시 45분부터 8시 10분까지다. 하타 요가Hata Yoga를 가르치는데 홀이 꽉 찰 정도로 참석률이 높다. 키가 크고 무사처럼 강인하게 생긴 요가 선생의 몸은 버들잎처럼 유연하다. 아쉬람의 요가 선생은 대부분 어릴 때부터 요가를 배우기 때문에 아무리 젊어 보여도 최소 20년 이상 요가를 수련한 베테랑이다. 무뚝뚝한 선생이지만 자세가 좋은 사람이 있으면 손가락으로 가리키며 콕 집어 칭찬한다. Good!

8시 30분부터 아침 식사시간이다. 보통 바나나 한 개와 전통차 짜이와 간단한 밥 비슷한 게 나온다. 나는 바나나 한 개만 들고 내 방에 들어와 한국에서 가져간 차를 끓인다. 바나나 한 개에다 차를 마시며 글을 쓴다. 일기를 쓸 때도 있고 책을 쓸 때도 있다. 사실 둘의 경계는 모호하다. 그래서 가끔 섞이기도 한다. 물론, 반성문이 될 때도 적지 않다.

너는 도대체 무엇을 찾겠다고 이 먼 곳에서 불편과 외로움을 감수하는가. 답은 내 안에 있다고 하는데 굳이 이 먼 곳까지 와야 했나. 사실은 직장을 그만두고 싶은 핑계가 필요했던

게 아니었을까. 떠나지 않는다고 해결될까? 석가모니 부처님
도 떠났기 때문에 내면의 부처를 만나지 않았던가. 내 안에
있어도 찾는 방법을 모르면 끝내 닿을 수 없지 않나. 그러니
떠날 수밖에 없고, 그러므로 떠나야 한다. 내 안의 진짜 나를
찾아.

뎅그렁! 뎅그렁!

또 종이 울린다.

오전 10시 30분부터 12시까지는 베단타 경전을 배운다.
물론 수업은 모두 영어로 진행된다. 내게는 고행의 시간이다.
인도에서 모든 수업은 영어다. 인도는 오랫동안 영국의 식민
지였다. 그래도 힌두어 아닌 게 어딘가. 그런데 혹시 인도인
들의 영어를 들어본 적이 있는가? 혀 짧은 사람처럼 그들의
발음은 뭉개고 부러진다. 그래도 영어를 쓰는 외국인들은 잘
알아듣는다. 역시 내가 문제일까.

좋은 발음이 아니어도 베단타 강의만은 나도 충분히 알아
들을 수 있다. 내 영어 실력이 훌륭해서? 아니다. 이미 봤잖은
가. 나는 굿모닝도 헷갈리는 수준이다. 이유는 다른 곳에 있
다. 그가 하는 강의는 너무 빤하다. 지금 있는 자신이 진짜 자
신이 아니라고. 기뻐하고 고통받고 즐거워하는 모든 행위의
주체가 사실은 진아가 아니라고 한다. 이 먼 인도의 아쉬람에

명상을 하겠다고 온 사람 중에 그걸 모르는 사람이 누가 있겠는가. 전혀 새로울 게 없는 베단타 강의였다.

내 생각을 읽었던 것일까? 갑자기 베단타 선생이 강의를 멈추고 맨 뒤에 앉은 나를 가리키며 한국에서 왔냐고 물었다. 난 당황했다. Yes. 그랬더니 그는 다시 아무 일도 없었다는 듯 강의를 계속했다.

넓은 요가 홀에는 대략 서른 명쯤 앉았고 외모가 비슷한 일본인과 중국인들도 섞여 있어 나를 한국인이라고 콕 찍은 건 대단했다. 설마 진짜 내 속마음을 읽은 건 아니겠지. 그래도 아쉬람에서 한국인들은 매우 드물다. 며칠 전 한국에서 왔던 스님도 내게 물었다. 프럼 도오쿄오? 일본인은 당연하고 어느 도시에서 왔냐고 물었다. No. I am Busan.

뎅그렁! 뎅그렁!

같은 종이라도 시간별로 울림이 다르다. 오후 4시에 울리는 종소리가 세상에서 가장 행복한 종소리로 들린다. 오후 4시에는 짜이라는 인도의 전통 차를 준다. 12시에 점심을 먹으면 저녁 식사는 오후 7시이기 때문에 간식이 생각나는 오후 4시에 짜이를 준다.

짜이는 우유와 홍차에다 약간의 향신료를 섞어 한 잔만 마셔도 저녁까지 배가 고프지 않다. 아쉬람의 수행자는 물론이고 사무실 직원, 청소하는 사람, 식당에서 일하는 사람까지 모두 짜이를 마시기 위해 다이닝 룸Dining Room으로 몰려든 다. 종을 치는 사람도 기분이 좋아 오후 4시에 울리는 종소리 가 가장 요란하고 약간의 장난기까지 섞여 있다.

오후 4시 30분부터 오후 6시까지 다시 요가를 배우는 시 간이다. 오후에는 주로 아헹가 요가를 가르치는데 주로 하는 자세는 수리야 나마스카라Surya Namaskara라고 태양을 경배 하는 자세다. 이 자세가 사실 가장 어려운 자세인데 열두 가 지를 연결해야 한 번이다.

이 요가를 보통 열 번 정도 반복하게 되면 베테랑도 땀을 흘리며 힘들어한다. 나도 처음에는 뭐 이리 어려운 자세를 열 번씩이나 반복하게 하나 불만이 많았다. 쉬운 자세는 한 번만 하게 하고 어려운 자세는 열 번씩 시키니, 하다 보면 군대에 서 얼차려를 받는 느낌이다.

아쉬람에는 그런 게 있다. 우리가 태권도 종주국으로서 다 른 나라에서 태권도를 배우러 온 사람을 대하는 그런 우월감 같은 게 있다. 어렵고 힘들기만 하고 효과는 별로 없어 보이 는 자세를 계속 시킬 때 그런 불순한 생각이 자꾸 올라온다.

그런데 자꾸 하다 보니 이게 뭔가 있다는 느낌이다. 그래 서 나는 진짜 태양을 경배하는 것처럼 영혼을 다해 열심히 따라 해봤다. 우와! 그런데 정말 내 이마 앞에 빛나는 태양이 환하게 떠오르더니 온몸으로 퍼져갔다. 아, 내가 인도에서 이런 경험을 하다니. 나는 정말 100번쯤 계속하고 싶었다. 그러나 애석하게도 요가선생은 열 번에서 멈추고 다른 자세로 넘어갔다. 환하게 빛나던 태양도 사라졌다. 눈을 뜨고 요가 선생을 바라봤더니 요가 선생도 나를 보며 웃고 있다. 이 사람들이 진짜 내 마음을 읽는 게 아닐까?

오후 6시부터 1시간 동안은 저녁 명상Evening Meditation 시간이다. 저녁 명상은 아쉬람의 메인 홀에서 한다. 메인 홀은 가장 오래된 건물이라 약간의 곰팡내가 났지만 신성한 진동을 체험할 수 있어 참석률이 높다. 진행하는 선생도 파워가 상당해 명상이 끝나면 그를 존경하게 된다. 가부좌가 불편한 서양인들이 누워서 명상하다 코를 골기도 하는데 갑자기 꿈속에서 누군가에게 한 대 맞은 것처럼 벌떡 일어나 앉곤 한다. 과묵한 요가 선생이 그랬을까.

7시가 되면 저녁 식사 종이다. 아쉬람의 긴 하루가 끝났다는 신호다. 그러나 나는 아침처럼 저녁을 먹지 않고 내 방으로 돌아간다. 아직 나의 하루는 끝나지 않았다.

계단으로 올라가는데 아래층 불이 꺼져 있다. 아무래도 아래층 한국인이 떠난 것 같다. 종일 보이지도 않았다. 벙거지를 썼는데 아마 스님이었으리라. 무뚝뚝했지만 가끔 모국어를 나눌 수 있어 좋았는데 아쉬웠다.

낮에도 몇 명의 젊은이들이 택시를 타고 떠났다. 스위스로. 프랑스로. 브라질로. 포르투갈로. 캐나다로. 떠나는 것은 인간의 숙명이다. 이 세상의 마지막엔 누구나 혼자 떠나야 한다. 떠날 때 가져갈 수 없다면 내 것이 아니므로 버려야 한다. 쉽지가 않다. 떠나고 버리는 것에도 연습이 필요하다.

방에 돌아와 낮에 먹다 남은 식은 짜이와 비스킷 두어 개를 저녁 삼아 먹고 있는데 옆방에서 인기척이 들린다. 아마 낮에 새로운 수행자가 온 모양이다. 어디서 온 사람일까. 영어를 쓰는 억양으로 보아 인도 사람은 아닌 듯한데. 짐을 정리하는 소리가 한 사람인 것 같다. 다행이다. 내일은 실수 없이 첫인사를 해야 하는데. 하기야 아침은 크게 걱정하지 않아도 된다. 내 입에 가장 편한 단어가 있다.

Good Morning!

나의 사명

우리는 민족중흥의 역사적 사명使命을 띠고
이 땅에 태어났다

아침에 눈을 떴을 때, 나는 국민교육헌장의 첫 문장을 떠올렸다. 이 헌장을 모두 외웠던 사람도 지금은 떠올리지 않는데 나는 왜 아침부터 유물 같은 헌장의 첫 문장을 떠올려야 했을까? 거창한 이 헌장의 문장처럼 오늘 아침 내겐 비장한 각오가 필요하기 때문이다.

아무 생각 없이 살면 사는 대로 생각한다더니 어느새 아쉬람의 일상에 익숙해진 나는 점점 목표에서 멀어지고 있다. 다시 출발점의 마음으로 돌아가지 않으면 이대로 흐지부지 시간만 낭비하다 끝날 것이다. 그건 곧 내 인생 전체의 패배나 다름없다.

이전에 밝혔듯이 나를 지금의 리시케시로 이끈 건 범어사 청련암青蓮庵의 벽화였다. 청련암 본당에는 다른 절에서는 볼 수 없는 특이한 그림들이 40여 편이나 그려져 있는데 그중에 영육일치관靈肉一致観이라는 그림은 내가 크리야요가를 수련할 때마다 눈앞에 나타나던 장면과 똑같았다.

그날 이후, 나는 약 4년 동안 청련암 벽화의 해석에 몰두했다. 처음엔 무척 힘들었다. 수많은 책을 읽고, 많은 사람을 만나 인터뷰했지만, 도무지 실마리가 잡히지 않았다. 그러다 우연히 청련암 입구의 산스크리트 글자가 눈에 들어왔고 벽화 전체가 티베트 밀교 수련과 관련되어 있음을 알았다. 특히 내가 크리야요가를 수련할 때마다 눈앞에 보았던 영육일치관은 40편의 벽화 중에 핵심이었다.

벽화 전체의 주제는 깨달음을 찾는 과정인데 조금 더 구체적으로는 내면의 빛Inner light을 찾는 과정이다. 즉, 사람에겐 누구나 내면에 빛이 있으니 그 빛을 찾아야 한다는 것이다. 그래서 내면의 빛을 찾기 위한 준비과정이 염불念佛과 좌선坐禪이고 빛이 떠오르는 장면이 영육일치이고 마지막 완성은 신과 하나가 되는 쿤달리니軍荼利魔王다.

내가, 사람 안에 빛이 있다고 하면 대개의 반응은 비슷하다. 미쳤구나. 그러나 예수의 가장 뛰어난 제자였던 사도 요한도 나와 생각이 같았다.

> 태초에 말씀이 있었고,
> 이 말씀이 하나님이고,
> 이 말씀 안에 생명이 있었으니,
> 이 생명은 사람들의 빛이라.
> – 요한복음

즉, 사람들 안에 생명이 있는데 이것이 바로 사람들 안에 있는 '내면의 빛'이라는 얘기다. 요한의 스승인 예수도, '우리는 빛으로부터 온 빛의 자식'이라고 했다. 부처님도 그랬고 이루 헤아릴 수 없이 많은 성인이 똑같이 말씀하셨다. 이렇게 말하면, 대개의 반응은, 성인들이 말씀하신 빛은, 진짜 빛이 아니라, 하나의 상징이라며 글자 그대로 받아들이면 안 된다고 한다. 하기야, 나도 내 안의 빛을 직접 체험하기 전까지는 그랬다.

나는 십 년 넘는 시간 동안 매일 크리야요가 수련을 통해 내 안의 빛을 체험했다. 이 빛은 상징이나 상상이 아니라 분명히 내 안에 존재하는 실체다. 그러나 개인적인 체험이기 때문에 타인에게 그것을 보여줄 방법은 없었다. 그러다가 우연히 내가 보는 빛과 똑같은 형태와 색깔을 지닌 그림을 청련암 벽화에서 보게 된 것이다. 그 그림이 바로 영육일치관이다.

그 반가움과 기쁨과 가슴이 터질 듯한 벅참은 이루 말할 수 없다. 그저 나는 밀려드는 감격에 그림 앞에서 한참 동안 서 있었다. 앞으로 살면서 이만한 감동은 없을 거로 생각했다. 그런데 책을 출판한 뒤 비슷한 일이 또 벌어졌다. 이번에는 벽화가 아닌 책이었다. 내 책을 읽은 수행자가 내가 쓴 책과 비슷한 책이 있다며 영어로 된 책을 가져왔는데, 바로 지금 내가 머무는 아쉬람의 마하라지가 쓴 책이었다.

두 책의 그림은 어느 한쪽이 베꼈다고 할 정도로 너무나 흡사했다. 특히, 영육일치관靈肉一致觀을 표현한 그림은 마하라지 쪽이 조금 더 구체적일 뿐 거의 똑같았다. 공간상의 거리나 수련법의 연관성을 볼 때 두 사람이 연결될 가능성은 거의 제로였다. 그런 면에선 나도 마찬가지였다.

나는 크리야요가를 통해서 그 그림을 봤고, 양익 스님은 밀교를 통해서, 마하라지는 요가를 통해 그 장면을 보고 그림으로 남겼다. 세 사람은 수련법도 달랐고 활동했던 나이나 공간적인 지역도 완전히 달랐다. 이를 통해 알 수 있는 건 사람에겐 누구에게나 빛이 있다는 사실이다. 세 사람이 활동한 시간과 수행법은 달랐지만 도달한 빛의 세계는 똑같았다.

그러나 비슷한 걸 체험했다고 수준이 같은 건 아니었다. 두 분에 비하면 내 체험은 아직 젖먹이 수준이었다. 양익 스님이 그린 청련암의 벽화를 분석하며 나는 한 단계 더 성장했다. 그리고 숨 쉴 틈도 없이 기다렸다는 듯 마하라지의 그림이 내 앞에 나타났다.

아침에 도를 들으면 저녁에 죽어도 좋다고 했듯이 지금 내 인생에서 이보다 더 중요한 일은 없다. 어쩌면 내가 태어난 목적이 이번 일 때문일 수도 있다. 내 인생을 바친 공부의 끝이 손에 잡힐 듯 보였고 주저할 이유도 없었다. 이건 분명한 신의 배려였고 신의 명령이었다.

그러나, 제대로 붙어보기도 전에 이미 승부는 패배 쪽으로 기울고 있었다. 한마디로 비법은 없었다. 이곳에서 가르치는 건 한국에서도 쉽게 배울 수 있는 평범한 요가였다. 어쩌면 평범한 게 당연했다. 아쉬람의 핵심 제자에게만 전수되는 비법을 면세점에서 세일하듯 근본도 모르는 외국인에게 가르쳐 줄 리 없었다.

히말라야의 비법을 터득한 라히리 마하사야는 '일반인에게 알려지지 않은 비밀을 공개적으로 토론하거나 글로 펴내서는 안 된다.'라고 강조한다. 중국의 선도仙道는 비법을 공개하면 구조九祖가 망한다고 위협한다.

아무리 그렇더라도 한 달 만에 한국으로 돌아가는 건 자존심이 허락하지 않았다. 고작 한 달 만에 짐을 싸고 돌아가 내가 너무 순진했다고 고백하면, 그때부터 아마 내 이름 앞에 어리석음을 뜻하는 세상의 온갖 수식어가 따라붙을 것이다.

나는 밤새 영어로 항의문을 만들어 아쉬람 사무실의 문이 열리기를 기다렸다. 영어도 짧은데 흥분까지 한다면 정확한 의사전달이 안 될 게 뻔하니까 불필요한 국가 간의 충돌을 방지하기 위해 나는 미리 영어로 번역문을 만들었다. 비장함만 있어서는 절대 승리할 수 없다. 비장하되 치밀해야 한다.

나는 고작 이 정도의 평범한 요가를 배우려고 여기에 온 게 아니다. 나는 평생의 직장까지 그만뒀다. 나는 여기에 내 인생 전부를 걸었다. 나는 이 아쉬람을 창시한 분의 분명한 계시를 받고 멀리 한국에서 왔다. 진짜다. 아직도 당신들의 스승을 존경한다면, 한국인에게 내려준 위대한 마하라지의 계시를 믿고, 나에게 특별한 비법을 가르쳐 달라.

강력한 내 요구서를 읽어 내리는 동안 아쉬람의 책임자는 의외로 침착했다. 그래도 나는 그가 한바닥이나 되는 내 요구서를 모두 읽어 내릴 때까지 최대한 비장한 얼굴을 유지한 채로 기다렸다. 만약에 내 요구를 들어주지 않으면 이대로 저 차가운 갠지스강에 뛰어들겠다는 듯이.

— Okay(좋아). I understand(나는 이해했다).

아쉬람 책임자의 대답은 너무나 쉽고 짧고 만족스러웠다. 사실 그가 어렵고 긴 문장의 영어를 쓰면서 이런저런 핑계를 대면 어쩌나 걱정이 컸었다. 아, 이런 믿음직한 책임자를 만나다니 운이 좋았다. 역시 신이 나를 버렸을 리 없다. 그는 친절하게 이것저것 물으며 내 요구를 꼼꼼히 확인했다.

— 너는 특별한 스승을 원하는 것이냐?
— Exactly(맞다)! That's it(바로 그거다)!

나는 추가비용이 필요하다면 얼마든지 부담할 용의가 있음도 내비쳤다. 수행자의 천국이라지만 인도에서도 돈은 일을 해결하는 데 매우 중요한 요소다. 그러나 그는 마지막까지 믿음직한 책임자답게 추가비용은 필요 없다고 손사래를 쳤다. 드디어 마하리지의 비법을 배우게 된다. 역시 강력하게 항의하길 정말 잘했다. 국민교육헌장에서 뽑아낸 비장한 각오와 결심이 패색이 짙던 승부에 다시 희망을 불어넣기 시작했다.

요가 니케탄 아쉬람Yoga Niketan Ashram의 창시자는 스와미 요게스와르난다 사라스와티Swami Yogeshwarananda Saraswati라는 분이다. 너무 긴 이름이라 아쉬람에서는 줄여서 위대한 스승이라는 의미로 마하라지라고 부른다.

위대한 성인聖人들처럼, 마하라지는 어려서부터 경전 읽기를 좋아했는데 커갈수록 아버지의 반대가 심해지자 집을 나왔다. 당시 나이 불과 열다섯 살이었다. 그때부터 그는 눈 덮인 히말라야를 떠돌며 깨달음을 찾지만 좋은 스승을 만나지는 못했다. 그러다 스무 살쯤에 지금의 리시케시보다 북쪽의 깊은 히말라야에서 마침내 위대한 스승을 만난다.

그의 스승은 쌀과 버터와 소금을 섞어 하루 한 끼만 먹게 했다. 스승은 물속에서도 몇 시간 동안 명상을 했고 델리의 유명한 제과점의 과자가 먹고 싶다고 하면 아무것도 없는 허공에서 똑같은 과자를 만들어냈다. 위대한 스승 밑에서 그는 하루가 다르게 발전했다. 그러나 아직 젊었던 마하라지는 식탐과 의심을 끊지 못했고 이에 실망한 스승은 불과 몇 달만에 떠나버렸다.

그 뒤 마하라지는 제대로 된 스승 없이 눈 덮인 히말라야를 떠돌며 무려 35년이라는 긴 세월을 보냈다. 그는 끈질기게 스승을 찾았고 마침내 55세의 나이에 티베트에서 온 300살이 넘은 위대한 스승을 만나 최고의 비밀 요가(밀교)를 터득하게 된다. 바로 지금의 내 나이였다.

그렇게 극적으로 티베트 밀교를 터득한 마하라지는 99세에 입적하기 전까지 이곳 리시케시에서 무려 사십여 년 동안 많은 제자에게 비법을 가르쳤다. 그리고 스무 권이 넘는 책을 썼고 그중에 『영혼의 과학Science of Soul』이라는 책이 나를 지금의 아쉬람으로 이끌었다. 그리고 드디어 나는 마하라지의 비법을 전수한 특별한 제자를 만나기 직전이다.

아쉬람의 책임자는 내게 곧바로 마하라지의 비밀 요가를 전수한 특별한 분을 소개했다. 바로 아쉬람의 도서관을 지키는 도서관장이었다. 온갖 경전과 수행 관련 서적이 비치된 도서관은 당연히 아쉬람의 보고였다. 이 또한 너무나 당연한 귀결이라 나를 흥분시켰다. 조금 찝찝한 건 그가 예상보다 너무 젊다는 것이었다.

나는 내심 영화에서처럼 흰 수염이 가슴까지 내려오고 폐부를 찌를 듯 눈빛이 날카로운 스승을 기대했었다. 그러나 그건 내 고정관념일지도 모른다. 석가모니 부처님은 35세에 깨달았고 육조 혜능 스님도 30대 중반의 나이에 달마의 법을 이었다. 흰 수염이 휘날리거나 겉모습이 화려할수록 사기꾼일 가능성이 높다.

젊은 도서관장이 내게 비법을 가르쳐 주기로 한 날은 토요일이었다. 그날이 토요일인데 괜찮냐고 했더니 그는 수행자에게 주말이 어딨냐며 오히려 내게 특별한 약속이 있는지 물었다. 이 먼 이국땅 인도에서 그것도 아쉬람에서 수행만 하는 내게 무슨 약속이 있겠는가.

휴일까지 반납하겠다는 그의 열정에 한층 기대가 부푼 나는 또 밤새 영어로 질문지를 만들었다. 그것은 내가 지금까지 터득하고 배운 밀교의 핵심으로 청련암 벽화의 수련법과도 연관되는 매우 깊은 내용이었다. 그러나 수련의 마지막 단계에서 어떤 차원을 완전히 넘어가야 하는데 나는 고비에서 번번이 실패했다. 만약, 이번 만남을 통해 수년간 막혀 있던 문제가 해결된다면 이번 시도는 대성공이었다.

나는 두근거리는 가슴을 진정시키며 약속 시각보다 30분이나 일찍 약속 장소에 도착해 메디테이션 홀의 문이 열리길 기다렸다. 그는 1분도 늦지 않은 9시 정각에 메디테이션 홀의 문을 열고 나와 예수님처럼 두 팔을 벌리며 나를 맞았다.

나는 떨리는 가슴을 진정시키며 밤새 작성한 영어질문지를
그에게 내밀었다.

아, 드디어 나의 마지막 공부가 시작되는구나. 전쟁 같았
던 수십 년의 시간이 주마등처럼 스쳐 갔다. 치열한 수행자라
면 내 심정을 이해할 것이다. 한국의 문화와 사회 분위기에서
직장과 가정을 지키며 수행하는 건 그야말로 전쟁이다.

그는 내 질문지를 길게 보지도 않았다. 내가 밤새 끙끙대
며 요약한 아주 내밀한 수행과 관련된 내용을 읽는데 채 1분
도 걸리지 않았다. 뭐지? 집중해 읽지 않아도 알 수 있을 정도
의 최절정 고수인가?

— 이런 것은 모두 필요 없습니다.

나는 잘못 들었나 싶었다. 왜? 그가 영어로 얘기했으니까.
그러나 그다음 말은 더 황당했다.

— 이런 것은 모두 필요 없고 하찮은 것입니다. 수행은
위빠사나가 최고입니다. 늘 자신을 지켜보며 명상하는
것 그게 깨달음으로 가는 가장 좋은 방법입니다. 혹시
위빠사나라고 들어보셨나요? 들어본 적이 없다면 당신

은 행운아입니다. 지금부터 내가 당신에게 특별한 요가를 가르쳐 드리겠습니다.

하마터면 내게서 주먹이 날아갈 뻔했다. 내 성격을 아는 분은 결코 내 말이 허풍이 아님을 알 것이다. 하마터면 깨달음을 얻겠다고 날아온 인도에서 폭력을 쓸 뻔했다. 역시 나는 늘 너무 성급한 게 문제다. 전화라도 해보고 올 걸 그랬다. 아니면 이메일도 있는데. 나는 왜 이런 중대한 결정에 너무나 기본적인 걸 챙기지 못했을까.

— 위빠사나가 최고입니다.

요가 니케탄 아쉬람의 도서관장은 위빠사나밖에 모르는 사람 같았다. 오로지 위빠사나만 강요하는 아쉬람의 특별선생에게 나는 위빠사나가 물론 위대한 수행법인 것은 알지만, 그건 한국에서도 얼마든지 배울 수 있고, 또 나는 이미 한국의 사원에서 위빠사나를 배워 잘 알고 있다. 그러나, 지금 내게 필요한 건 오직 당신들의 위대한 스승 마하라지께서 가르친 그 비밀 요가를 배우고 싶다. 나는 다시 한 번 간곡히 그를 설득했다.

간곡함이 통했는지, 긴 침묵의 시간이 흐른 뒤에 그가 놀라운, 충격적인 뜻밖의 진실을 고백했다.

— 안타깝지만, 이 아쉬람에는 위대한 마하라지의 요가
를 전수한 사람이 없습니다.

혹시나 했던 불안이 역시 현실이 되었다. 그러나 이대로 포기할 수는 없었다. 나는 리시케시보다 더 높은 히말라야에 있는 마하라지의 또 다른 아쉬람에 가게 해달라고 졸랐다. 그러나 그는 소용없다는 듯 고개를 저었다. 덧붙여 지금 이곳을 비롯해 마하라지가 만든 모든 아쉬람에는 마하라지의 요가를 배우겠다는 사람도 없고 관심도 없다고 했다.

어디서 들어본 말이었다. 공교롭게도 그건 청련암 벽화에 관해 물었을 때 스님들이 했던 대답과 똑같았다. 기가 막혔다. 그림도 같고 체험도 같고 지금의 상황도 똑같았다. 신기하게 똑같든, 기가 막히게 똑같든, 내겐 모두 불운이고 불행일 뿐이다. 아, 나는 왜 이리도 스승과 인연이 없는가. 늘 나는 한발이 늦었다.

세상이 무너진 듯 실망감을 안고 돌아서는 내게 아쉬람의 도서관장은 한마디를 덧붙였다. 그래도 위빠사나가 좋다고.

확, 마. 내가 그에게 주먹을 날렸는지 안 날렸는지는 기억이 나지 않는다. 그건 그리 중요하지 않다. 어떻게 내 방에 돌아왔는지도 기억이 나지 않는다. 물론, 그것도 그리 중요하지는 않다. 습관성 탈골처럼 다시 나는 길을 잃었다. 이러다 정신까지 잃는 건 아닐까.

마하라지는 돌아가시기까지 무려 사십여 년간 수천 명의 제자를 가르쳤다. 그러나 마하라지가 만든 세 개의 아쉬람에 마하라지의 비법을 이어받아 가르치는 제자는 단 한 명도 남아 있지 않았다.

아무리 생각해도 도무지 믿어지지 않았다. 그래서 나는 아쉬람에 있는 모든 사람에게 사실인지 확인했다. 사무실 직원, 가장 오래된 식당의 주방장, 아쉬람에 머무는 수행자들까지. 그러나 아쉽게도 그들의 대답은 똑같았다. 그렇게 대답하는 게 그들에게도 고통이었는지 아쉬람에서 일하는 사람들도 조금씩 나를 피하기 시작했다.

하기야 양익 스님도 무려 20년이 넘는 세월을 가르쳤지만 비법의 계승자는 없었다. 국선도를 보급하신 청산 선사님도 17년의 세월이었지만 4단계인 진기단법의 계승자는 키워내지 못했다. 입산하시면서 만약 4단계의 수련자가 나오면 직접 지도하시든지 아니면 다른 사람이라도 보내겠다고 하셨지만 아직도 소식이 없으시다. 오죽하면 달마대사가 인도의 동쪽인 중국으로 떠나셨을까.

머리가 깨질 듯 아프다. 오래전에 끊은 술이라도 한잔하면 위안이 되겠는데 성스러운 도시 리시케시에서는 술을 팔지 않는다. 나는 우리 안에 갇힌 사자처럼 종일 작은 방 안을 서성대다 방 벽에 붙여져 있는 마하라지의 사진을 물끄러미 바라보았다.

— 분명히 오라 그랬잖아요.

내 방에 걸린 마하라지의 사진은 여전히 침묵이다. 혹시 내가 뭔가 착각한 것은 아닐까. 비법秘法이라는 게 원래 없는 게 아닐까. 오로지 중요한 건 시절인연時節因緣. 즉, 오로지 때가 무르익으면 진리는 저절로 열리는 게 아닐까.

달마대사로부터 여섯 번째로 법을 이어받은 육조 혜능은 빈농에다 일자무식이었다. 시장 가는 길에 담 너머로 들려온 오조 홍인대사의 금강경을 듣고 깨달아 육조 혜능이 되었다. 양익 스님이 말씀하셨듯이 시절인연이 와서 스스로 깨친 것이다.

인도에서 태어난 달마대사가 석가모니 부처님의 귀중한

법을 인도에서 전하지 않고 굳이 말도 통하지 않는 중국까지 갔던 것은 그곳에 시절 인연을 갖춘 사람이 있었기 때문이다. 석가모니 부처님께서 마하가섭에게 신묘한 법을 전할 때도 특별한 무엇이 있었던 건 아니다. 그저 연꽃을 들어 보였을 뿐이다.

그렇다면 스승은 필요 없지 않을까? 그건 또 아닌 것 같다. 나무꾼인 혜능이 담장 너머로 들려온 금강경을 듣지 않았다면, 그리하여 담장 안쪽의 오조 홍인대사 밑으로 가지 않았다면, 그는 평생 나무꾼으로 늙어 죽었을 것이다. 마찬가지로, 마하가섭이 석가모니 부처님의 영산회상에 가지 않았다면, 석가모니라는 스승이 없었다면, 열반묘심은 전해지지 못했을 것이다.

새벽에 잠이 깨이면 어김없이 갠지스강 소리가 들렸다. 며칠 비가 오지 않은 탓인지 강물 소리도 풀이 죽었다. 수만 년 전부터 저렇게 갠지스는 흐르고 앞으로도 흐를 것이다.

간밤에 어떻게 잠이 들었는지 모르겠다. 제대로 씻지도 않은 채 잠이 들었다. 꿈속에서 한 마리 매를 보았다. 덩치가 작아 독수리 같지는 않았다. 날갯소리도 없이 매 한 마리가 날아오더니 높고 긴 대나무 위에 앉았다. 매의 무게에 대나무

끝이 휘청거렸다. 흔들리던 대나무가 안정되자 매가 지긋이 나를 바라보았다. 어디서 본 듯한 깊고 날카로운 눈이었다. 눈빛은 단호하지만 확신에 차 있고 무언가를 말하고 있었다. 그러나 그 얘기가 무엇인지 내게는 들리지 않았다.

잠이 깨이자 어디서 본 듯한 매의 눈이 사진 속 마하라지의 눈과 닮았다. 마하라지는 무언가 내게 말을 하고 있지만 나는 아직 그의 말을 들을 귀가 열리지 못했다. 마하라지도 답답하고 나도 답답하다. 어떻게 하면 진리를 듣는 귀가 열릴까. 시절인연의 때가 아직 당도하지 않은 걸까. 기다리면 될까. 아니면 내 노력이 부족한 걸까. 도대체 나는 무엇을 해야 하는가.

— 뎅그렁! 뎅그렁!

5시 15분. 오늘도 아무 일 없었다는 듯 하루의 시작을 알리는 아쉬람의 종소리가 어둠을 뚫고 길게 울려 퍼졌다. 나는 천천히 일어나 요가 매트를 메고 또 방문을 나섰다. 하늘은 잔뜩 흐려 있다. 별도 보이지 않고 달도 보이지 않는다. 그러나 하늘 어디쯤 분명 밝은 달은 떠 있을 것이다.

여전히 나는 길을 잃었다. 여전히 나는 어디로 가야 할지

모른다. 그러나 길을 잃었다고 끝이 아니다. 길을 잃은 사람
만이 길을 찾는다. 당신은 어느 쪽인가?

진리는 찾기가 어려우니,
천 명 중에서 한 명,
만 명 중에서 두 명이 성공한다.
그러므로, 진리를 찾는 사람은
찾을 수 있을 때까지 끝까지 찾아야 한다.
– 도마복음

비밀의 열쇠, 시바의 삼지창

니고데모가 물었다. 어떻게 거듭날 수 있습니까?
예수가 말씀하셨다.
모세가 광야에서 뱀을 들어 올린 것 같이
인간의 아들도 그렇게 들어 올려져야만 한다.
- 요한복음

　무기력하게 하루하루 연명하던 어느 날, 아침 요가 시간이 거의 끝나갈 무렵이었다. 황색의 사제복장을 입은 뚱뚱한 남자가 꽃과 향을 쟁반에 받쳐 들고 들어오더니 벽의 유리문을 밀고 빠르게 안으로 사라졌다.

　유리로 된 장식장이 사실은 은밀한 곳으로 통하는 문이었다. 한 달 동안 홀에서 요가를 하면서도 그게 문이라는 건 전혀 몰랐다. 뭔가 있다. 나는 직감적으로 비밀의 향기를 느꼈다. 아침 요가 시간이 끝나자마자 나는 조금 전 사제가 들어간 유리문을 밀고 안으로 들어갔다.

　내부는 넓지도 밝지도 않았다. 방금 피운 은은한 향과 근원에서 흘러나온 듯한 평화로운 에너지가 아담한 방안을 가득 채우고 있었다. 어쩌면 여기서 내 절망과 무기력의 포위망을 뚫어낼 실마리가 잡힐 수도 있을 것 같았다.

허락되지 않은 공간을 함부로 침범한 두려움이나 미안함은 없었다. 이미 비법을 창시한 마하라지는 계시지 않고 비법을 물려받은 제자도 없으니 스스로 비밀의 단서를 찾아 해결해야 했다. 사실 청련암의 비밀벽화를 조사할 때도 마찬가지였다. 나는 이미 눈치 보고 주저해서는 한 발짝도 전진하지 못한다는 것을 잘 알고 있었다.

유리 칸막이 안에는 작지만 깨끗한 신전이 잘 꾸며져 있었다. 인도의 여느 신전과는 다른 분위기였다. 최소한 수십 년은 되었을 텐데 최근에 지은 신전처럼 깨끗했다. 나는 합장을 한 채 향과 꽃을 바치는 사제의 뒤에 서서 의식에 동참했다. 낯선 곳에서 합장은 가장 확실한 동참과 평화의 행동이다.

왼손으로 종을 치면서 동시에 오른손으로 꽃과 향을 바치며 능숙하게 의식을 진행하던 뚱뚱한 사제는 나를 발견하고 약간 놀라더니 곧 상관없다는 듯 큰 소리로 만트라를 외우며 의식을 계속했다. 신전에 모셔진 신의 이름은 시바였다.

인도에 사는 신의 숫자는 3억 3천만이라고 한다. 어떤 사람은 그보다 적은 3억이라고도 하고 또 어떤 사람은 그보다 더 많다는 사람도 있다. 물론 어느 게 맞는지 세어보지 않아 알 수는 없다. 그런데, 그 많은 인도의 신 중에 왜 하필 시바를 모셨을까. 어떤 이유가 있는 걸까. 사실, 인도의 신 중에서 가장 이해하기 어려운 신이 바로 시바다.

다른 신들은 모두 인간을 위한 역할이 분명하다. 가네샤 신은 풍요를 가져다주고 크리슈나 신은 사랑이다. 반면에 시바는 무시무시한 파괴의 신이다. 인간에게 도움을 주기 위해 존재하는 신이라고 보기 어렵다. 모든 것을 파괴하고 또 모든 것을 자기 마음대로 재창조한다. 그래서 시바는 신들의 왕이라고 한다. 아무튼, 나는 자기 힘만 믿고 제멋대로 행동하는 이런 유형을 싫어한다. 그래서 나는 신들의 왕이라는 시바가 마음에 들지 않았다. 그런데 시바는 전혀 다른 의미의 신이었다.

몇 년 전, 인도에 있는 친구의 집을 방문했을 때다. 그 친구의 집 거실에 시바 신전이 모셔져 있었다. 나는 내심 적잖이 놀랐다. 왜 평화가 넘쳐야 할 가정에 저렇게 삼지창을 든 무시무시한 파괴의 신을 모시는 걸까. 이 친구가 혹시 전쟁광이 아닐까. 목구멍까지 질문이 올라왔지만, 기분 나빠할까봐 물어보지는 못했다.

그 친구가 내 마음을 읽었는지 시바가 들고 있는 삼지창은 남을 죽이는 살상용이 아니라 나쁜 까르마를 제거하는 쿤달리니라며 웃었다. 쿤달리니? 모든 비밀의 문을 열 수 있는 이 중요한 단어 삼지창 쿤달리니의 의미를 그때의 나는 몰랐다.

그런데 청련암의 벽화를 조사하면서 쿤달리니를 알게 되었다. 청련암 비밀벽화의 결론에 해당하는 마지막 그림이 바로 쿤달리니를 상징하는 그림이었다. 수십 마리의 뱀이 온몸을 칭칭 감고 있는 그림의 제목은 군다리마왕軍茶利魔王인데 산스크리트어 쿤달리니를 비슷한 발음의 한자로 표현한 제목이었다. 즉, 청련암 밀교의 비밀을 푸는 열쇠는 쿤달리니였다.

그리고 오늘 아침 다시 나는 이곳에서 쿤달리니를 만났다. 이번에는 밀교나 불교가 아닌 힌두교 최고의 신이라고 하는 시바Lord Shiva의 신전에서.

왼손으로 종을 치며 향과 꽃을 바치던 뚱뚱한 사제가 입으로 뭔가를 중얼거리며 내게 눈짓을 보냈다. 뭘 어쩌라는 거지? 돈이라도 바치라는 건가? 아침에 그냥 요가 하러 나왔는데 지갑을 가져올 리 없잖아. 나는 정말 돈이 없다는 표정을 지었다. 그러자 사제가 눈으로 자신의 오른손 쟁반에 들고 있던 꽃을 가리켰다. 아, 꽃을 바치라고. 나는 쟁반 위에 올려진 노란 꽃을 집어 시바의 제단에 바쳤다. 그리고 방금 사제가 했던 것처럼 삼지창을 든 시바의 발에 엎드려 이마를 댔다.

그러자 놀라운 일이 벌어졌다. 꼬리뼈 근처에서 뜨거운 기운이 폭발하더니 삼지창처럼 세 줄기로 갈라져 머리를 향해 곧장 올라갔다. 눈앞에는 엄청난 빛이 쏟아졌다. 엎드린 내 이마가 시바의 발에 딱 붙어 꼼짝도 할 수 없었다. 마치 시바가 내 목을 눌러 꼼짝도 못 하게 한 것 같았다. 도대체 이게 무슨 일이지? 설마 나를 죽이려는 건 아니겠지? 빨리 끝내고 밥 먹으러 가야 한다는 듯 뚱뚱한 사제가 헛기침을 섞으며 더 큰 소리로 주문을 외웠다. 에라 모르겠다며 맘대로 하라는 듯 시바에게 몸을 맡기고 가만히 있었더니 그제야 서서히 몸을 누르고 있던 기운이 풀어지며 겨우 일어설 수 있었다.

시바의 쿤달리니가 이 아쉬람의 비밀을 여는 열쇠임이 분명했다. 난데없이 뜨거운 기운의 축복을 받은 나는 시바에게 감사하며 지금의 장면을 최대한 오래 기억하려 집중했다. 머리를 길게 기른 시바는 호랑이 가죽옷을 걸쳤고 반쯤 뜬 눈과 이마에 새겨진 세 줄의 흰 주름에 세로로 또 하나의 눈이 떠 있었다. 머리 오른편에는 초승달이 걸려 있고 목에는 금방이라도 공격할 듯 머리를 바짝 세운 황금빛 코브라가 똬리를 틀고 있다. 그리고 오른쪽에 기둥처럼 삼지창이 직각으로 우뚝 서 있었다.

시바에게 분명 단서가 있는 것 같은데 그래도 여전히 감이 잡히지 않았다. 갑자기 쿤달리니의 치솟는 에너지를 체험했지만, 그것을 해석하고 풀어내기에 내 공부는 짧았고 자료도 부족했다. 할 수 없이 나는 다시 아쉬람 사무실의 책임자를 만나 마하라지에 관한 자료를 더 달라고 부탁해야 했다. 도서 관장을 소개했다가 망신만 당한 사무실의 책임자는 그때부터 나와 마주치는 걸 불편해했다. 그러나 부탁할 곳은 그곳밖에 없었다. 그러나 이번에도 그는 명쾌하고 빨랐다. 아마 앞에 실패한 게 미안했던 모양이다.

— 너는 마하라지의 자료가 필요한가?

— 그렇다.

— 오케이. Follow me(따라와라)!

— Now(지금)?

— Yes Now(그래, 지금)! 왜? 지금 안돼? 무슨 다른 약속이 있어?

— No! No!

나는 벌써 저만치 앞서가는 그의 뒤를 따라 느릿느릿 언덕길을 올라갔다. 한번 속았던 탓에 큰 기대는 하지 않았다.

역시, 그를 따라간 곳은 다시 도서관이었다. 도서관에는 누가 있겠는가. 당연히 그 위빠사나 밖에 모르는 답답한 젊은 도서관장이 있다. 나는 남아 있는 작은 기대마저 버렸다. 사무실 책임자는 도서관장밖에 모르고, 도서관장은 또 위빠사나 밖에 모른다. 마치 내가 인도의 〈세 얼간이〉 영화 속에 들어온 것 같다.

도서관의 문을 열자 도서관장이 벌떡 일어났다. 이제 그는 멀리서도 나를 피했다. 그러나 사무실 책임자는 도서관장을 보러 간 게 아니었다. 도서관에는 도서관장 말고도 중요한 게 있었다. 그건 바로 책이다. 도서관에는 어마어마하게 많은 책이 있었다. 도서관에 책이 있는 건 당연하다. 그런데 이상하게도 난 늘 도서관을 지나치며 그 안에 들어가 책을 보겠다는 생각은 전혀 하지 못했다.

도서관에는 내가 찾는 마하라지와 관련된 모든 자료가 잘 보관되어 있었다. 마하라지가 예전에 직접 썼던 책과 이미 절판된 그의 자서전도 있었다. 그리고 무엇보다 귀한 자료는 마하라지의 특별 강의를 기록한 노트였다.

어떻게 이렇게 기록으로 남길 생각을 했을까. 원래 노트는 다섯 권이 있었는데 모두 분실하고 딱 한 권만 남아 있다고 했다. 그 많은 도서관의 책 중에 어떻게 그 작은 노트가 내 눈에 가장 먼저 띄었는지 그들도 신기해했다. 더군다나 그 노트는 힌디어가 아닌 영어로 쓰여 있었고, 쿤달리니를 비롯해 내가 궁금했던 많은 내용이 자세히 기록되어 있었다.

그날 저녁, 나는 어둠이 내린 갠지스강을 걸었다. 갠지스는 그 자리에서 늘 그랬던 것처럼 평온하게 나를 맞았다. 기쁠 때나 슬플 때나 언제나 갠지스만 찾는 인도인의 마음을 이제 나도 조금 이해할 수 있을 것 같았다.

갠지스는 무슨 일이든 받아주고 어떤 고통도 품어주고 기쁨도 함께하는 어머니 같은 존재였다. 마음이 복잡했다. 생각의 정리도 필요했고, 두근거리는 가슴도 진정을 시켜야 했다. 나를 이끈 존재에게 감사를 드리고도 싶었다. 그 모든 것에 갠지스가 딱 맞았다.

밤의 갠지스는 평화롭고 한산했다. 멀리 강이 내려다보이는 계단에 승려복을 입은 흰 수염의 서양인이 갠지스를 보며 명상에 잠겨 있고, 승려 앞으로 하루 장사를 마친 행상 둘이 머리에 봇짐을 지고 바삐 걸어갔다. 이 모든 게 시바의 계획이었을까? 오늘 하루 동안에만 신기한 일이 너무 많이 일어났다.

이런저런 생각을 떠올리며 걷는데 저만치 앞 강가에 여자 둘이서 어떤 의식을 치르는 게 눈에 들어왔다. 내가 가까이 다가가자 고등학생쯤 되어 보이는 여자가 허튼짓하지 말라는 듯 똑바로 나를 쏘아봤다.

이미 주위가 어두워 정확히 얼굴이 보이지 않았다. 모녀 사이 같기도 하고 자매 같기도 했다. 나이가 조금 많은 여자가 꽃과 음식을 바치는 의식을 치르는 동안 조금 어린 여자는 경계하는 코브라처럼 과하게 가슴을 펴고 나를 주시했다. 나는 경계심을 풀겠다는 듯 그들과 약간 떨어져서 합장하고 서 있었다. 이미 경험했듯이 낯선 곳에서의 합장은 가장 확실한 동참과 평화의 행위다.

"What is this stone? (이 돌은 뭔가요?)"

의식이 끝나자 조금 더 가까이 다가간 나는 그들이 조금 전에 꽃과 음식을 바친 돌을 가리키며 물었다. 여고생이 다시 나를 째려봤다. 아무래도 그녀의 계급은 무사 크샤트리아 같았다.

"Lord Shiva. (시바)"

그것도 모르다니 한심하다는 듯 여고생이 짧게 대답했다. 이 돌이 시바라고? 아닌데. 시바는 삼지창을 들고 목에 황금빛 코브라가 감고 있어야 하는데. 삼지창을 영어로 뭐라고 하지? Three…knife? 적당한 영어를 찾아 머리를 굴리고 있는데 의식을 위해 가져온 짐을 모두 챙긴 나이 많은 여자가 일어서며 나를 지그시 바라봤다. 어둠 속에서도 그녀의 눈이 깊고 평화롭게 반짝였다. 그녀는 수행자였다. 그녀가 나를, 정확히 내 가슴을 가리키며 꿈속처럼 낭랑하게 말했다.

"Shiva is you. (네가 바로 시바야)"

천상에서 들려오는 듯 낭랑한 목소리로 이상한 말을 남기고 그들은 어둠 속으로 총총히 사라졌다. 내가 잠깐 환상을 본 걸까. 시바가 돌이라고 하더니 나중에는 나더러 시바란다.

오늘 아침 시바 신전에서 체험한 에너지는 시바와 어떤 관계가 있다는 걸까. 도대체 갈수록 모르겠다. 그들이 사라지고 난 뒤에도 한동안 은은한 향기가 계속 내 주위를 맴돌았다.

항문과 생식기에 있는 좁은 요니Yoni라고 불리는 장소에
삼각형을 한 화각火角-Agnikona이라는 것이 있다.
이 원시 에너지 쿤달리니는 시바Lord Shiva의 세계에 들어가고 싶다는 바램을 품으면서
마치 뱀처럼 남근男根 형태의 주위를
세 바퀴 반 감고 잠들어 있다.
– 마하라지

연금술사의 표지, 쿤달리니

연금술사의 손에는 뱀의 꼬리가 쥐어져 있었다.
뱀은 미친 듯이 꿈틀대며 쉬이익 쉬이익
날카로운 소리로 사막의 적막을 깨뜨렸다.
연금술사는 땅 위에 원을 그렸다.
그리고는 뱀을 원 안으로 던져넣었다.
그대가 사막에서 찾아낸 저 생명이 바로 내가 필요했던 표지일세.
– 연금술사

Dear Sir 친애하는 선생님.

저는 브라질에서 요가스쿨을 만들어 아이들을 바르게 인
도하겠다는 꿈을 가지고 있습니다. 그래서 저는 인도에 와
서 열심히 요가를 배웠고 쿤달리니에 관해 많은 얘기를 들
었습니다. 그러나 솔직히 저는 아무리 요가를 해도 쿤달리
니를 전혀 느낄 수 없습니다. 도대체 어떻게 하면 쿤달리니
를 깨울 수 있는지 저에게 가르쳐 주십시오. Please 제발.

영어로 번역된 내 책(You're the God who got lost)을 읽은
브라질 청년 티아고가 왓츠앱(Whats App)으로 위와 같은 긴

문장의 글을 보내왔다. 그는 리시케시 락슈만 줄라의 위쪽 언덕에 있는 아쉬람에서 몇 달째 요가를 배우고 있는 브라질 청년이었다.

왓츠앱은 카카오톡이랑 비슷한데 무료이고 인도의 웬만한 오지에서도 통신할 수 있어 인도에 장기간 머무는 외국인들은 대부분 왓츠앱을 이용했다. 티아고는 잘생긴 데다 마음도 착하고 기타도 잘 쳐 아쉬람에서 인기가 많았다.

왓츠앱으로 보내온 티아고의 문자가 다시 나를 돌아보게 했다. 인도에 와서 몇 개월 동안 많이 전진했다고 생각했는데 사실은 여전히 출발점인 청련암에 머물고 있었다. 한편에선 그럴 수밖에 없겠다는 생각도 든다. 종교와 수련법이 다르고 궁극의 도달점이 다르다면 그건 인간의 보편적인 답이 될 수 없을 것이다.

한국에서 불교를 익혀 깨달음을 얻은 양익 스님이나 인도에서 요가를 배워 궁극에 도달한 마하라지나 마지막 가르침은 모두 몸 안의 쿤달리니 에너지를 깨우라는 것이다. 우리 민족 전통수련법 국선도도 마찬가지였다.

앞에서도 몇 번 밝혔듯이, 내 수련의 첫 시작은 국선도였다. 1985년이니 지금으로부터 거의 40여 년 전이다. 그러고 보니 참으로 긴 여정이었다. 국선도가 뭐지? 하는 사람들을 위하여 약간의 설명을 하자면 국선도는 우리 민족 고유의 전통수련법이다.

국선도의 역사는 무려 1만 년으로 우리 민족의 태동 시기와 비슷하다. 우리나라에 이보다 오래된 수련법은 없다. 총 9단계로 되어 있는데 현재까지 공개된 과정은 겨우 3단계까지다. 3단계라고 하지만 절대 만만치 않다.

쉬지 않고 수련하더라도 거의 10년이 걸리고, 10년을 하더라도 433가지의 동작을 완벽하게 시연할 수 있는 사람은 아무도 없다. 예를 들면, 엄지손가락 두 개로 물구나무를 서서 3분을 버티며 단전호흡을 할 수 있어야 하는데 아직 가능한 사람이 없었다. 또 국선도 수련법의 정확한 원리는 아직도 제대로 밝혀지지 않았다. 원리는 모르지만 효과는 분명하다. 이 수련으로 많은 사람이 병을 고쳤고 육체와 정신이 강해졌다.

내가 국선도를 배우게 된 동기는 요가난다의 크리야요가 때문이었다. 1985년이었는데 그 무렵 국내에는 인도의 요가 수행자였던 파라마한사 요가난다의 자서전이 번역되어 큰 인기를 끌었고 나 또한 요가난다 자서전에 나와 있는 크리야 요가를 배우기 위해 요가학원을 기웃거렸다. 그러나 최상의 요가인 크리야요가를 가르치는 곳은 어디에도 없었다. 그러다 우연히 국선도 간판이 눈에 들어왔고 그때부터 요가 대신 국선도를 수련하게 되었다.

국선도를 수련한 지 거의 20년 뒤인 2006년도에 나는 처음으로 쿤달리니를 경험했다. 도장에서 가부좌를 한 채 좌사법을 하고 있었는데 갑자기 꼬리뼈를 망치로 두드리는 듯한 강력한 진동이 왔다. 무려 사흘 동안 강한 진동이 왔고 그때부터 등 뒤로 기운이 올라가기 시작했다. 이상한 빛이 보이고 세상에 없는 소리도 들렸다. 이 빛은 일반적인 빛과 달라 눈을 감아도 보이고 소리는 귀를 막아도 들렸다.

좋아하던 고기도 못 먹게 되고 몸에는 온갖 이상한 현상이 벌어지는데 국선도를 수련하는 사람 누구도 설명해주지 못했다. 이러지도 저러지도 못하고 있을 때 20년 전 책에서 읽었던 요가난다의 자서전이 떠올라 미국으로 갔고 그곳에서 크리야요가를 배워 쿤달리니 각성 이후의 수련을 이어갈 수 있었다. 이후 10년간 내 몸에서 일어난 엄청난 변화와 크리야요가의 수련 과정은 내 책 『당신은 길 잃은 신이다』에 자세하게 나와 있다.

국선도를 통해 쿤달리니가 각성되고 최고의 수련법인 크리야요가를 만났지만 수련이 완성된 건 아니었다. 또다시 심각한 위기와 정체기가 왔다. 바로 그때 청련암에 그려진 벽화를 만났다. 2006년 쿤달리니가 각성한 때로부터 정확히 10년 뒤인 2016년이었다.

청련암 벽화에는 그동안 내 몸에 일어났던 변화와 내가 앞으로 배워야 할 다음 단계의 수련들이 그림으로 잘 그려져 있었다. 놀랍기도 하고 기쁘기도 했다. 그러나 문제는 그림에 대한 아무런 설명도 없고 비법을 이어받은 제자가 한 명도 없어 내 수련에 접목하기 어려웠다.

그렇지만 나는 중요한 일은 절대 포기하지 않는 장점이 있다. 나는 혼자서 무려 4년 동안 끈질기게 벽화를 연구하고 추적했고 드디어 벽화의 내용이 드러나지 않은 불교인 밀교密教라는 사실을 알아냈다.

40편이나 되는 청련암 벽화의 결론은 군다리마왕이었다. 즉, 벽화의 핵심은 쿤달리니의 각성이었다. 나는 청련암 벽화를 통해 한국의 전통 수련법 국선도와 인도의 수련법 크리야요가 그리고 불교가 쿤달리니라는 공통점으로 묶여 있다는 사실을 알게 되었다. 실로 놀라운 발견이었다.

나는 4년 동안의 추적을 책으로 출판했고, 그 책이 다시 인연이 되어 지금의 아쉬람에 와 있다. 그리고 리시케시의 아쉬람에서 다시 나는 쿤달리니와 만났다. 이쯤 되면 아무리 머리가 나쁜 사람도 눈치를 챌 것이다. 그제야 나도 깨달았다. 모든 수련과 종교에서 가장 중요한 건 쿤달리니의 각성이었다.

심지어 기독교에서도 마찬가지였다. 성경에서 요한복음에 나오는 니고데모 이야기나 모세가 뱀을 들어 올리는 장면은 쿤달리니에 대한 설명이었다.

서양철학의 핵심이라고 할 수 있는 연금술도 마찬가지였다. 모든 종교와 수련법에서 쿤달리니는 인간이 높은 단계로 올라가는 필수조건이었고 첫 출발점이었다.

그러나 아름다운 브라질 청년 티아고의 한탄처럼 리시케시에 요가를 가르치는 아쉬람은 많지만 정확히 쿤달리니를 체험할 수 있는 곳은 없었다.

— 친애하는 티아고. 나도 네 말에 충분히 공감한다. 물론 나도 너를 간절히 돕고 싶다. 나아가 나는 모든 수행자의 쿤달리니가 깨어나길 소원한다. 그러나 솔직하게 나는 아직도 어떻게 하면 쿤달리니가 깨어나는지 알지 못한다. 내 쿤달리니 체험은 의도가 아닌 우연이었다.

티아고에게 환상을 심어줄 수는 없었다. 실망한 브라질 청년 티아고는 연락을 끊었다. 아마 지금쯤 브라질로 돌아갔을 것이다. 그렇더라도 어려서부터 범죄와 마약에 노출되기 쉬운 브라질의 아이들에게 요가 명상으로 바르게 인도하겠다는 그의 꿈이 이루어졌으면 좋겠다.

쿤달리니에서 가장 중요한 것은 에너지다. 쿤달리니는 산스크리트어로 똘똘 감긴 에너지라는 뜻이다. 감긴 형태가 뱀이 똬리를 틀고 있는 것과 비슷해 뱀의 형상으로 표시하기도 한다. 중요한 건 이것이 환상이 아닌 과학적 측정이 가능한 진짜 신의 에너지라는 점이다.

에너지가 부족하면 깨달음도 없다. 그래서 수행자가 가장 먼저 해야 하는 일은 쓸데없는 곳에 낭비되는 에너지를 차단하고 내부에 축적하는 일이다. 그래서 야마禁戒와 니야마勸戒가 요가의 첫 단계다. 마음과 행동을 바르게 하여 낭비되는 에너지를 차단하면 저절로 에너지가 모이게 되고 이 에너지가 상승하면 육체와 의식이 진화된다. 이것이 바로 요가의 차크라 각성이며 국선도를 비롯한 선도仙道의 임독맥유통이다.

인도 사람들은 이 에너지의 원천이 성기 부근에 있다고 하여 남성의 성기를 닮은 돌에다 하늘로 올라가는 뱀을 조각해 모신다. 이 에너지가 상승하면 시바의 삼지창처럼 육체와 마음의 오염된 것들과 나쁜 까르마를 모두 파괴하고 맑고 깨끗한 세포와 의식으로 재창조된다. 이것이 바로 시바가 하는 역할이다.

하비 다이아몬드의 베스트셀러 『다이어트 불변의 법칙』에는 에너지가 없으면 절대 몸의 독소가 배출되지 않는다고 주장한다. 인간이 완전히 공空한 신의 의식에 오르기 위해서는 몸의 독소가 완전히 제거되고 마음도 집착의 티끌조차 남아 있지 않아야 한다. 그래서 수행자에겐 쿤달리니의 에너지가 꼭 필요하다.

인도 사람들이 쿤달리니 에너지가 성기 부근에 있다고 했듯이 쿤달리니 각성에 가장 중요한 에너지가 바로 성 에너지다. 동물들은 번식할 때 외에는 섹스하지 않는데 사람만이 번식과는 상관없이 즐기기 위한 섹스를 한다. 그만큼 태어날 때 많은 에너지를 갖고 왔기 때문이다.

그러나 신이 인간에게 많은 에너지를 준 것은 섹스를 즐기라고 준 것이 아니다. 다시 신에게 돌아오라고 준 너무나 소중한 연료다. 그러나 대부분 쾌락의 충족이나 에고의 욕망을 채우는데 낭비하고 신에게서 멀어진다.

어렵게 쿤달리니가 깨어났다고 해서 수행이 끝났다고 생각하면 큰 오산이다. 이제 갓 초등학교에 입학한 정도이고 앞으로 훨씬 힘들고 중요한 과정이 남아 있다. 그래도 쿤달리니가 깨어났다는 건 관념이 아닌 진짜 수련의 리얼Real한 세계에 한발 들어섰다는 거다.

쿤달리니는 대우주의 전기 에너지다.
쿤달리니는 빛과 힘이 가득 차 있고,
대우주에 가득 차 있는 전기 에너지와 같다.
– 신지학회 브라바키 여사

최상의 수련법

수행이 진척되는 것은
단순하게 수행을 계속했기 때문이 아니라,
전생에 지은 업을 포함해
모든 선한 업이 축적되었기 때문이다.
– 마하라지

때때로 기억이 떠오른다. 스승과 함께 리시케시에서 살때, 아침마다 갠지스강에 나가 살이 에이는 차가운 강물에 들어가 왕복으로 다섯 번씩 헤엄을 치곤 했다. 한번은 스승인 스와미 시바난다가 나를 불러 '헤엄을 계속 칠래, 아쉬람을 떠날래' 하고 크게 꾸짖는 바람에 정신을 차렸다.
– 사라스와티

『쿤달리니 탄트라』를 썼던 사라스와티가 한겨울에 강을 건넜다는 바로 그곳에서 나도 바짓가랑이를 걷고 물에 들어갔다. 지금은 그때처럼 겨울이 아닌데도 물이 차가웠다. 리시케시의 갠지스강은 높은 히말라야 빙하가 녹아 내려온 물이라 한겨울이 아니어도 차갑다.

강폭이 대략 200m는 될 것 같다. 예전의 강폭은 지금보다 훨씬 좁았다고 한다. 그때 갠지스강을 수영으로 건넜던 분을 아쉬람에서 만났는데 만만하게 봤다가 하마터면 죽을 뻔했다며 가슴을 쓸어내렸다. 겉으론 잔잔해 보여도 속에는 물살이 엄청 빠르기 때문이다. 그런데 시바난다의 제자 사라스와티는 지금보다 훨씬 추웠던 겨울에 이 강을 왕복으로 다섯 번씩 오갔다고 하니 그가 깨운 쿤달리니가 그만큼 강력했다는 뜻이다. 쿤달리니가 깨어났다고 하여 모두 똑같지는 않다. 깨어나는 양상과 강도는 사람마다 다르다.

그러나 아무리 강력한 쿤달리니 에너지가 깨어났더라도 차가운 갠지스강에서 수영만 하며 에너지를 소모해 버리면 아무런 소용이 없기에 스승인 시바난다는 수영을 멈추지 않으면 아쉬람에서 당장 내쫓겠다고 야단을 친 것이다.

스승 시바난다 덕분에 정신을 차린 사라스와티는 12년 동안 아쉬람에 머물며 마침내 내 안의 신과 합일할 수 있었다. 사라스와티의 사례처럼 강력한 쿤달리니가 깨어나더라도 진짜 쿤달리니를 체험한 올바른 스승으로부터 반드시 인도를 받아야 한다. 그렇지 않으면 일생일대의 좋은 기회를 놓치고 만다. 특히 우리나라에는 안타까운 경우가 많은데 이런저런 수련으로 쿤달리니가 깨어나는 사람은 많으나 체험을 가진 스승이 귀하기 때문이다.

금방 차가운 강물에 발이 아려 왔지만 나는 사라스와티처럼 수영으로 강을 건너지는 못할망정 이 정도는 참아야 한다며 눈을 감았다. 발바닥을 타고 올라온 서늘한 기운이 머리 꼭대기에서 시원한 감로가 되어 흘러내렸다. 마음은 더욱 맑고 고요해졌다. 하늘에서 수백 개의 별이 내려오듯 머리 꼭대기에 반짝이는 빛이 온몸으로 쏟아져 내렸다.

빛에 겨워 겨우 눈을 떴을 때 멀리 사라스와티가 공부한 시바난다 아쉬람이 보였다. 저곳이 바로 강력한 쿤달리니가 깨어난 사라스와티가 시바난다라는 위대한 스승의 안내를 받아 궁극의 해탈에 이른 곳이구나. 지금 두 분은 없지만 무려 12년의 세월이었으니 분명 아쉬람 어딘가에 그들의 흔적이 남아 있을 것이다.

다음 날, 나는 시바난다 아쉬람으로 향했다. 요가 니케탄 아쉬람 바로 옆이기 때문에 담장을 뛰어넘어도 되지만 높이가 5m나 된다. 설사 담이 낮더라도 신이 머무는 아쉬람에 담치기를 한다는 것은 경찰서를 터는 일 만큼이나 어리석은 짓이다.

람 줄라를 동쪽에서 서쪽으로 건너면 바로 시바난다 아쉬람 정문으로 연결된다. 다리를 건너 아쉬람으로 들어가면 라마야나의 전설로 들어서는 느낌이다. 내 안의 신을 찾는 이야기 『바가바드 기타』처럼 『라마야나』 또한 인간이 온갖 어려움을 극복하고 내면의 신Rama을 찾아가는 과정의 이야기다. 내 안의 신을 찾는 전설의 주인공 라마를 아쉬람으로 곧바로 연결한 설계는 탁월했다. 그래서 시바난다 요가가 세계적인 요가로 뻗어 나가는 요인이 되지 않았을까. 그러나 그보다 더 큰 이유가 있었다.

시바난다 아쉬람 정문으로 가려면 내가 머무는 아쉬람 정문을 나와서 100m쯤 북쪽으로 올라가면 된다. 고작 100m라도 차와 릭샤와 오토바이와 마차들이 뒤섞여 빠르게 오가기 때문에 매우 조심해야 한다.

우리나라와는 달리 인도에서 차들은 건널목을 건너는 사람에게 절대 양보하지 않는다. 양보는커녕 오히려 건너가지 못하게 빵빵거리며 더 빠르게 지나간다. 차가 양보해줄 때까지 기다리면 온종일 건너지 못할 수도 있다. 인도에는 1년에 교통사고로 죽는 사람이 15만 명이 넘는다. 가장 안전한 방법은 인도 사람들이 오기를 기다렸다가 묻어 건너는 거다.

그러나 이미 인도의 교통환경에 익숙해진 나는 앞뒤에서

돌진해 오는 무리를 요리조리 피해 빠른 걸음으로 시바난다 아쉬람 정문에 안착했다. 겨우 안도의 한숨을 내쉬는데 갑자기 역한 알코올 냄새가 풍겼다. 뭐지? 아쉬람 입구에서 알코올 냄새를 맡기는 처음이었다.

알코올로 만든 향수가 있나? 신성한 곳이니 알코올 향수로 깨끗하게 소독하고 들어와라? 그럴듯한데. 나는 한국산 진돗개처럼 코를 킁킁대며 입구 이곳저곳을 뒤졌다. 그런데 알코올 향수가 아니었다. 아쉬람 입구 바로 맞은편에 시바난다 병원이 있었다.

어느 날. 락슈만 줄라를 향해 걷고 있는데 길가에 뭔가 가득 차 있는 마대자루를 보고 그냥 지나쳤다. 나중에 돌아와 보니 치다난다가 그 마대자루를 아쉬람으로 가져왔는데 그 안에 문둥병을 앓는 노인이 들어 있었다. 스승 시바난다는 목욕과 면도를 시키고 그를 돌봤다. 나 또한 치료에 동참했지만, 의무만 다했지 진정으로 함께하지 못했다. 나는 무려 50년 동안 열심히 수행했지만, 나의 영적인 자동차는 1인치도 전진하지 못했다. 그들의 고통과 함께했을 때 비로소 나의 영적인 자동차가 움직이기 시작했다.
– 사라스와티

예전에 리시케시에는 문둥병 환자가 많았다고 한다. 마을과 아쉬람을 연결하는 긴 도로 양쪽에는 늘 구걸하는 문둥병 환자들로 새까말 정도였다고 한다. 사라스와티의 스승 시바난다는 원래 의사였다. 1887년생인 그는 외국에서 의사로 근무하다 현대의학에 한계를 느끼고 37살에 인도에 돌아와 영적인 탐구를 시작했다. 얼마 지나지 않아 운좋게 이곳 리시케시에서 큰 스승을 만나 출가하고 큰 깨달음도 성취한다. 시바난다처럼 리시케시는 한평생 히말라야에 은거하는 수행자와 세속에서 깨달음을 찾는 구도자가 만나는 특별한 공간이었다.

출가한 지 3년 뒤인 1927년에 그는 리시케시에 나환자 수용 시설과 무료병원을 지었다. 덕분에 리시케시의 많았던 문둥병 환자들이 거리에서 거의 사라졌다고 한다. 의사이자 수행자였던 시바난다는 치료와 수행을 겸하며 12년간 스승 밑에서 가르침을 받았고, 1936년 지금의 시바난다 아쉬람을 세웠다.

시바난다는 1963년 77세에 입적했다. 마하라지는 22년 뒤인 1985년 99세에 입적한다. 두 사람이 모두 1887년생으로 태어난 해가 같고 아쉬람도 담장을 맞대고 있어 인연이 예사롭지 않아 보이는데 두 분의 인생과 아쉬람을 비교하면 더욱 흥미롭다.

내가 현재 머무는 아쉬람을 설립한 마하라지는 15세에 집을 나와 히말라야를 떠돌며 55세까지 무려 사십여 년을 히말라야에서 오로지 수행만 한다. 40년을 오로지 수행한 끝에 비로소 55세가 되는 1942년, 비로소 티베트에서 온 300살이 넘은 큰 스승을 만나 도를 완성한다. 1951년부터 지금의 아쉬람에서 제자들을 가르치기 시작했다. 그러니까 바로 옆 시바난다 아쉬람보다 15년이나 늦게 아쉬람을 열었다.

시바난다의 제자들이 들으면 자존심이 상할 수도 있겠지만, 내가 생각할 때 두 분이 성취한 수준은 달랐다고 본다. 모두 궁극의 세계에 도달한 경지인데 어느 쪽이 높다 낮다 순위를 정하는 건 어리석은 행위일지도 모른다. 그럼에도 불구하고 일반적인 이해의 차원에서 비교해 보면 마하라지 쪽이 훨씬 높았다. 여러 자료와 정황적 근거 등을 고려했을 때 그렇다는 것이다.

예를 들어, 시바난다는 의술과 약으로 병을 치료했지만, 마하라지는 전혀 약을 쓰지 않고 오로지 자신의 초능력만으로 환자를 치료했다. 불치병, 불구자 등 마하라지가 환자를 치료한 사례는 수만 명이었고 능력도 거의 예수님과 맞먹었다. 시바난다 아쉬람보다 15년이나 늦게 문을 열었지만 마하라지의 아쉬람에는 매일 수천 명이 몰려들었다고 한다.

차이가 날 수밖에 없는 게 우선 마하라지의 수련 기간이 훨씬 길었다. 15세부터 55세까지 무려 40년이다. 40년 동안 그는 히말라야의 깊은 산중에서 오로지 명상과 단식으로 보냈다. 그에 비해 시바난다는 12년 동안 주로 리시케시에서 수련했는데 그중에 9년은 병원을 세워 나환자들의 치료를 병행했다.

더구나 마하라지는 이미 갓 스무 살에 12시간을 꼼짝 않고 삼매에 들 수 있었다. 오십 세가 넘었을 때는 무려 12일 동안 깊은 삼매에 머물 수 있었다고 한다. 그러나 그는 만족하지 않았고 계속해서 더 높은 성취를 위해 히말라야 설산에서 정진하고 또 정진했다. 12일 동안 완전한 삼매에 든다는 것은 이미 생리적인 현상이 모두 멈추는 경지에 도달했다는 것이다. 그래야 12일 동안 화장실도 가지 않고 물도 마시지 않고 삼매를 지속할 수 있다.

12일이나 삼매에 들 정도면 열에 아홉은 모두 이만하면 됐다고 생각할 것이다. 그러나 마하라지는 지독할 정도로 철저한 수행자였다. 그는 자신이 경험하지 않은 것은 그 어떤 경전이라도 절대 인정하지 않았다.

그는 스스로 아직 신과의 합일이 완전하지 않다고 생각했다. 다행히 끝까지 완벽하게 완성하겠다는 그의 노력은 헛되지 않았다. 그는 지금의 내 나이인 55세에 히말라야 산중에서 티베트에서 넘어온 위대한 스승을 만나 인류사에 길이 남을 경지에 도달하게 된다.

제자가 스승을 선택할까? 아니면 스승이 제자를 선택할까? 여러분의 생각은 어떤가? 결론적으로 제자는 절대 스승을 선택할 수 없다. 왜? 하수는 고수를 알아볼 수 없기 때문이다. 반드시 스승이 여러 가지를 꿰뚫어 보고 제자를 선택한다. 그러나 전제되어야 하는 것은 반드시 제자가 간절히 스승을 원해야 한다. 마지막까지 포기하지 않고 간절하게 찾으면 55세의 마하라지처럼 내게 도움을 줄 스승은 반드시 나타난다. 물론 이때의 스승은 꼭 육체를 가진 살아 있는 존재만은 아니다.

자, 그렇다면 현재에서 다시 돌아보자. 시바난다는 1936년 현재의 아쉬람을 만들어 27년 뒤인 1963년에 입적한다. 마하라지는 1951년 현재의 아쉬람을 만들어 34년 뒤인 1985년에 입적한다. 기간상으로 보면 마하라지 쪽이 약간 우세해 보인다.

그렇다면 지금 현재 시점의 평가는 어느 쪽이 우위에 있을까? 성취한 능력이나 요가를 전파한 기간을 생각할 때 당연히 마하라지의 요가가 모든 평가의 우위에 있어야 한다. 그러나 결과는 정반대였다.

요가를 오래 하신 분들은 잘 아시겠지만, 시바난다 요가는 현재 세계 60개국에 센터가 있으며 우리나라에도 있다. 그의 제자인 사라스와티의 인티그럴 요가는 세계 40개국에 센터가 있다. 시바난다의 수제자인 스와미 치다난다는 인도에서 우표에 등장할 정도로 국민의 존경을 받고 있다. 시바난다 요가는 명실공히 인도를 대표하는 세계적인 요가 단체로 성장했다.

이에 비해 내가 머무는 마하라지의 요가는 어떠한가? 아쉬람의 실정을 다시 언급한다는 것은 독자들도 지루할 것이고, 내 정신건강에도 매우 유익하지 못한 일이다.

도대체 왜 이런 걸까? 이걸 어떻게 해석해야 할까? 혹독한 설산雪山에서 무려 40년이나 수련했고, 예수님과 비슷한 기적을 행했던 위대한 마하라지의 비법은 어디 가고 수천 명의 제자는 어디로 사라져 버린 걸까?

이 대목에서 나는 내 구도求道의 방향에 대해 깊이 고민하지 않을 수 없었다. 최고의 비법을 찾아내 열심히 수련하면 최고가 될 줄 알았는데 그렇지 않을지도 모른다는 불안감이 엄습했다. 며칠 동안 머리가 아팠다. 또 길을 잃은 것인가?

결과적으로, 시바난다는 비교적 늦은 나이에 요가에 입문한 게 오히려 득이 되었다. 의사가 되기 위해 오랫동안 현대 교육을 받았기 때문에 요가도 현대인들이 잘 이해할 수 있도록 쉽고 간단하게 체계화했다.

특히 그는 자신의 특기인 현대의학을 요가에 접목했고 요가가 어떻게 인체와 정신에 도움이 되는지 많은 저술을 통해 설명했다. 몸의 긴장을 풀고, 긍정적인 생각과 좋은 음식을 먹고, 몸의 독소를 제거하는 것이 왜 깨달음의 성취에 중요한지 의학적으로 분석하고 사례를 만들었다. 이러한 접근이 이성적이고 합리적인 서양인들의 구미에 딱 맞았다. 그러나 이게 다가 아니었다. 시바난다 요가의 성공 배경에는 이보다 훨씬 더 중요한 이유가 있었다.

시바난다 아쉬람의 입구는 경사가 매우 높다. 특이하다. 이렇게 입구가 가파른 아쉬람을 나는 본 적이 없다. 가파른 언덕의 계단을 힘들게 올라가 허리를 펴면, 제일 먼저 눈에 들어오는 게 바로 탑처럼 생긴 시바난다의 기둥Sivananda Pillar이다. 카메라를 갖다 대니 어디선가 비둘기 한 마리가 날아왔다. 기둥에는 시바난다의 생애가 간단하게 기록되어 있고 중간에 큰 글자로 봉사, 사랑, 명상, 깨달음Serve, Love, Meditate, Realize을 새겨 놓았다. 아, 바로 이거였구나.

— Serve, Love, Meditate, Realize

봉사와 사랑을 명상과 깨달음보다 앞에 놓았다. 이것이 바로 시바난다 요가가 성공한 핵심 이유였다.

여기서 부끄럽지만 내 수행에서 힘들었던 과정을 솔직히 고백하고자 한다. 나는 18년 전에 국선도를 수련하다 쿤달리니가 각성되었고 몸에 나타나는 이상한 변화들을 해결하려고 요가난다의 크리야 요가를 배웠다.

요가난다의 크리야 요가를 배우면서 가장 이해하기 어려웠던 게 바로 헌신과 봉사다. 나는 수련을 하고 싶었지 봉사나 헌신을 하려는 생각은 조금도 없었다. 그런 것은 명상과 전혀 관련이 없는 교회나 시민단체에서 하는 것으로 생각했다. 봉사와 헌신이 어떻게 진리의 깨달음과 연결되는지 이해하는 데는 생각보다 훨씬 많은 시간이 필요했다.

시바난다의 제자 사라스와티도 마찬가지였다. 그는 스승 시바난다의 명령으로 마대 자루 속에 있던 문둥병 환자를 치료했지만, 환자의 고통과 함께하지 못했기 때문에 영적인 자동차가 1인치도 전진하지 못했다고 고백했다. 여기서 많은 사람이 의심할 것이다. 에이 설마? 이미 쿤달리니가 완전하게 열린 사람인데. 그렇다면 사라스와티의 고백은 과장일까? 아니면 사실일까? 완벽히 사실이다. 사실이라면 왜 그런 걸까? 나처럼 궁금한 사람들에게 사라스와티는 이렇게 대답했다.

모든 것이 신이다.
하늘의 제단에서만 신을 찾지 말라.
개, 돼지, 병든 자, 가난한 자를 섬겨라.
봉사하고 희생하며 도움이 되는 삶을 살라.
그것이 요가의 비밀이다.
– 사라스와티

아직도 이해가 가지 않는 사람들을 위해 덧붙이자면, 병든 자와 가난한 자를 돌보면 그들로 인한 어떤 작용 때문에 내 영적인 진도가 높아지는 것이 아니라, 병든 자와 가난한 자도 신의 산물이기 때문에, 그들의 고통을 신에게 봉사하듯 돌보라는 거다. 그래야 내가 진짜 신이 된다는 것이다.
수행자가 모든 것에서 신을 느낀다는 것은 나의 주관, 나의 아집, 나의 에고가 완전히 사라졌음을 의미한다. 나를 신에게 완전하게 맡기는 것이 바로 헌신이다. 그러므로 신에 대한 완전한 믿음과 완전한 헌신은 만물에 대한 봉사로 이어진다. 그래서 봉사는 헌신과 같은 의미이고 이것이야말로 신에게 가는 요가의 진짜 비밀이다.

국선도의 청산 선사께서는 자연의 품에 안기지 못하면 높은 단계의 수련이 불가능하다는 말씀을 하셨다. 단전호흡에 집중하는 것을 넘어 내 마음을 완전하게 비웠을 때 비로소 우주의 진기가 내 몸에 들어온다는 원리다. 국선도 수련 때 수없이 듣는 선도주의 여덟 마디 중에서 마지막 마디는 세상의 모든 생명을 구하라는 구활창생救活蒼生이다.

시바난다 기둥Sivananda Pillar을 카메라에 담은 뒤 나는 곧장 아쉬람 안으로 들어갔다. 아쉬람의 명성과 큰 넓이에 비해 내부는 한산했다. 두 명의 사제가 의식을 진행하고 있었고 세 명의 나이든 할머니가 의식에 함께하고 있었다. 나도 그들의 맨 뒤에 서서 합장했다.

그들도 낯선 외국인이 신경이 쓰이는 듯했으나 진지하게 합장을 하고 있는데 뭐라고 하겠는가. 몇 년 전부터 시바난다 아쉬람은 외국인을 제자로 받지 않았다. 경제적으로 열악한 내국인들에게 기회를 주기 위해서란다. 그래서인지 아쉬람에 외국인이 보이지 않았다.

긴 홀의 양쪽에는 시바난다가 살았을 때의 행적들이 그림으로 그려져 있었다. 주로 문둥병 환자들을 수술하거나 봉사하는 장면이다. 그때 정면에 크게 쓴 글자 "BE GOOD, DO GOOD"이 눈에 들어왔다.

— "BE GOOD, DO GOOD"

영어이고 단문이기 때문에 다양한 해석이 가능하다. 나는 이 문장에서 강조하는 건 행동이라고 본다. 중요한 건 행동이다. 신이 되고, 신을 깨닫고, 신과 합일하고 싶은가? 그렇다면 당신은 먼저 신처럼 생각하고 행동하라. 만약, 당신이 신이라면 신의 모든 창조물의 고통을 외면할 수 있겠는가?

우리는 얼마나 오래 수련해야 문둥병 환자들을 진심으로 씻기고 치료할 수 있을까? 30년쯤 열심히 수련하면 살이 썩는 냄새와 떨어지는 진물을 거부감 없이 내 몸처럼 아끼고 보듬을 수 있을까.

석가모니 부처님의 자비가 없었다면 불교가 많은 나라에 전파될 수 있었을까. 예수님의 사랑이 없었다면 기독교가 지금의 영광을 누릴 수 있었을까. 시바난다는 늦은 나이에 수행자가 되었고, 수행 기간도 짧았지만, 신에 대한 완벽한 헌신과 봉사의 실천으로 바르고 큰마음을 가진 제자들이 모였고,

그의 요가는 더 멀리 더 넓게 세계로 뻗어 나갔다. 이보다 높은 요가가, 이보다 높은 최상승의 수련법이 어디 있을까?

열심히 일하라. 그러면 정화될 것이다.
빛을 바깥에서 가져올 필요는 없다.
빛은 너 자신 속에서부터 드러날 것이니까.
– 시바난다

불교에는 대승과 소승의 해묵은 논쟁이 있다. 흔히 소승은 자기만의 해탈을 추구하고 대승은 중생의 구제가 목적이라고 한다. 그런데 지금까지의 사례처럼 어느 한쪽만 추구하는 것은 맞지 않다. 해탈의 근처에도 가지 못했으면서 중생을 구제하겠다고 설치는 것도 위선이고 자기만 해탈하면 끝이라는 것도 나쁘다. 그러므로 해탈과 중생의 구제가 양쪽의 수레바퀴처럼 함께 굴러가야 한다.

40년간 오로지 해탈만을 추구했던 요가 니케탄 아쉬람의 마하라지가 헌신과 봉사를 가르치지 않았던 것은 아니다. 그는 99세에 입적하기까지 무려 45년간 매일 수백 명의 어려운 사람들을 도우며 헌신과 봉사를 몸소 실천했다. 시바난다처럼 약의 힘도 빌리지 않고 오로지 힘들게 쌓아 올린 영적인 힘으로 고통에 신음하는 환자를 치료하고 도움을 줬다. 자신의 기력으로 아픈 사람을 치료해 본 사람은 그게 얼마나 본인에게 힘들고 고통스러운지 잘 알 것이다.

그의 제자였던 일본인 기무라는 만약 마하라지가 사람들을 조금만 적게 돌봤다면 충분히 200살 넘게 살 수 있었을 것이라 회고했다.

그러나 아쉽게도 그의 이러한 헌신을 그 많은 제자는 배우지 못했다. 배우지 못했다기보다는 실천하지 못했다는 게 더 정확한 표현일 것이다. 헌신을 최고의 요가라고 하는 것은 그만큼 최고로 실천하기 어렵다는 의미도 될 것이다.

어떻게 이 어려운 사랑과 헌신을 실천할 수 있을까. 사실 깊이 생각해 보면 의외로 간단하다. 내가 실천하겠다고 굳게 결심만 하면 된다.

— BE GOOD, DO GOOD.

꿈의 카페

예전에 장자가 꿈에 나비가 되었는데,
장자라는 생각이 전혀 들지 않았다.
장자가 꿈에서 깨고 보니 이제는 나비라는 생각이 전혀 들지 않았다.
장자가 꿈에 나비가 된 것인가,
아니면 나비의 꿈에 장자가 된 것일까.
- 장자

한국식당 '꿈의 카페'는 갠지스강 상류의 '락슈만' 다리 동쪽에 있고 내가 머무는 아쉬람은 갠지스강 하류의 '람' 다리 서쪽에 있다. 두 다리의 거리는 직선으로 약 2킬로미터쯤 된다. 꿈의 카페는 내게 고속도로 휴게소 같은 곳이다. 인디언 카레로 느끼해진 목을 칼칼한 김치찌개로 씻어 내릴 수 있고, 모처럼 한국어로 정확한 의사소통도 가능해 현지 정보도 얻을 수 있다. 무엇보다 나와 비슷하게 생긴 사람들 틈에서 깊이 안도할 수 있어 그야말로 내겐 기분 좋은 꿈같은 카페다.

내가 있는 아쉬람에서 꿈의 카페에 가려면 '람' 다리를 건너 강의 상류 쪽으로 40분쯤 걸어 올라가야 한다. 무슨 가파른 산길도 아닌데 고작 2km 가는데 40분이냐고 할 사람도 있을 것이다. 그러나 쉽게 갈 수 있는 길이 아니다. 중간중간 통과해야 하는 관문이 많다.

우선 릭샤 정류장을 통과해야 한다. 이 정류장은 옛날 부산의 구포장터라고 생각하면 된다. 릭샤를 타러 온 사람, 다리를 건너는 사람, 장사하는 사람들이 뒤엉켜 발 디딜 틈이 없다. 그 바글거리는 사람들 틈을 겨우 빠져나오면 운전사들이 릭샤를 타라고 막아선다.

안 탄다며 손사래를 치는 틈으로 오토바이가 빵빵거리며 비키라고 난리다. 그 사람들 신경 쓰느라 방심하면 금방 싼 따끈한 소똥을 밟을 수도 있다. 또는 밤새 자신의 영역을 지키기 위해 싸우다 지쳐 잠이 든 개의 꼬리를 밟아 비명에 놀라거나 심하면 날카로운 이빨에 발목이 물릴 수도 있다.

그들을 무사히 빠져나오면 이제 겨우 람Ram 다리 입구다. 그러나 안심하긴 이르다. 하나의 관문이 더 남았다. 다리를 건너기 전에 마지막으로 쭉 늘어선 지구에서 가장 불쌍해 보이는 걸인들을 외면하고 지나가야 한다. 한쪽 눈이 없거나, 두 팔이 없거나, 무릎 아래가 없거나, 누구 하나 불쌍하지 않은 사람이 없다. 잘려 나간 몸보다 더 견디기 어려운 강적은 그들의 눈이다. 분명히 배우처럼 과장된 눈빛인데 늘 내 가슴 깊숙이 파고들어 볼 때마다 마음을 힘들게 한다.

다행히 요즘은 그들도 나를 알아보고 내게는 특유의 애처로운 눈길을 보내지 않는다. 하루에 수천 명이 지나가는데 그 틈에 가끔 지나가는 나를 알아본다는 것은 대단한 눈썰미다. 확실히 그들은 보통 사람보다 더 뛰어난 면이 있다. 그들은 비가 많이 올지 아니면 잠깐 흩뿌리다 그칠지도 정확하게 감지한다. 리시케시는 히말라야의 끝자락이라 멀쩡하던 하늘이 갑자기 어두워지며 비를 뿌린다. 그들이 자리를 걷고 철수하면 어김없이 큰 비가 내린다.

걸인들의 애처로운 눈을 피해 다리에 올라섰다고 끝난 게 아니다. 다리를 건너기는 더 어렵다. 람 다리의 폭은 약 2m, 길이는 아마 200m쯤 될 것이다. 그 좁은 폭을 사람들이 양쪽으로 줄지어 지나간다.

그래도 사람뿐이면 그렇게 어려운 상황이 아니다. 문제는 사람 숫자만큼이나 많은 오토바이가 지나간다. 그것도 양쪽으로. 그 상황에 사람들은 중간중간 기념사진을 찍는다. 가끔은 큰 짐을 실은 수레도 지나가고 심심한 소도 지나간다. 이 모든 게 2m도 안 되는 다리의 폭에서 이루어진다. 한국에서는 절대 상상할 수도 없는 광경이다.

다리를 건너면 또 먼지 풀풀 날리는 비포장 길에 떼로 몰려다니는 소와 바닥의 똥과 오토바이와 빵빵거리는 차들을 피해 곡예를 해야 한다. 악취와 먼지와 긴장 탓에 꿈의 카페에 도착하면 이미 마음과 몸이 녹초가 되어 버린다. 그래서 나는 꼭 가야만 하는 특별한 일이 아니면 꿈의 카페를 찾지 않는다.

이 고통을 해결할 묘안이 없을까. 고민하던 내게 한 대의 릭샤가 눈에 들어왔다. 그렇지. 저것을 타자. 늘 복잡한 곳에서 길을 막아서던 호객행위가 귀찮기만 했는데 갑자기 릭샤가 구세주로 다가왔다.

인도의 릭샤를 타본 사람은 알겠지만, 옛날 한국에 있던 삼륜차를 생각하면 된다. 크기가 옛날 삼륜차의 절반쯤 되는데 엔진은 경운기 엔진을 달았다. 그러니까 바퀴는 세 개에 경운기 엔진을 달았고 앞에만 창문이 있고 출입문도 없다. 앞 좌석에 운전사를 포함해 두 사람이 타고 뒤에 마주 보고 여섯 명이 탄다. 그러니까 총 8명이 정원인데 인도는 보통 정원의 두 배까지 타니까 16명까지도 가능하다. 그래서 릭샤는 자주 펑크가 난다.

마침 빈 릭샤 한 대가 서 있다. 운전사가 젊다.

— 락슈만 줄라!

— Get in(타)!

그는 뭔가 기분 좋은 일이라도 생긴 듯 경쾌하다. 아까부터 아줌마가 그에게 계속 뭐라고 사정을 했지만, 상대도 안 하며 나보고만 타란다. 아마 아줌마가 무임승차를 시도한 것 같다. 나는 선뜻 타지 않고 가격부터 물었다. 인도에서는 항상 바가지를 조심해야 한다. 항상.

"How much(얼마야)?

"괜찮아, 그냥 타!"

"No! How much(글쎄, 얼마냐고)?"

그는 내 눈치를 보더니 바가지를 포기했다는 듯 피프티! 한다. 50루피. 50루피면 한국 돈으로 800원이니까 뭐 그 정도면 바가지는 아닌 것 같다. 짜식. 내가 이래 봬도 인도 단골 여행객인데 어디서 바가지를 씌우려고. 나는 비로소 안심하며 릭샤를 타고 락슈만 줄라로 향했다. 중간에 두 사람이 더 탔다.

람 줄라에서 락슈만 줄라로 가는 길은 상당한 오르막이라 릭샤의 엔진을 최대한 높여야 한다. 기름이 많이 들겠는데. 팁을 좀 줘야 하지 않을까. 운전사는 기분이 좋은 듯 콧노래까지 흥얼거렸다. 젊은 친구가 낙천적이다. 인생은 저렇게 살아야 한다. 좋은 일이 있든, 없든, 호구 고객을 만나 바가지를 씌우지 못하고 기름값이 많이 들어 남는 게 별로 없더라도 저렇게 늘 밝게 살아야 한다. 그렇게 살다 보면 반드시 좋은 날이 오는 게 인생이다. 운전사는 착했고 강에서 불어오는 바람도 시원했고 햇살도 만족스러웠다. 릭샤 덕분에 이제는 고통스럽지 않게 꿈의 카페에 갈 수 있다.

내가 생각했던 곳보다 훨씬 전에 릭샤가 정차했다. 다리 앞까지 가는 줄 알았는데 모두 내리는 바람에 나도 따라 내렸다. 뭐 그래도 이 정도라도 어딘가. 100루피를 주니 50루피를 거슬러 준다. 팁을 줄까도 생각했지만, 특별히 받을 생각이 없어 보여 잔돈을 받고 락슈만 줄라를 향해 걸었다.

100m쯤 갔을 때였다. 오토바이와 차와 소똥을 피해 분주하게 걷고 있는데 뒤에서 무슨 소리가 들렸다. 낮은 음성의 남자 목소리였다. 설마 나에게 하는 소리는 아닐 테고. 뒤에서 전화 통화하는 소리겠지 생각하며 계속 내 길을 갔다.

그런데 그 남자는 뒤에서 계속 같은 말을 반복하며 내 뒤만 졸졸 따라왔다. 락슈만 줄라가 어떻고 람 줄라가 어떻고 10루피가 어떻고 20루피가 어떻다는 대충 뭐 그런 내용이었다. 뭔 소리지. 미친 사람인가. 그래도 나하곤 상관없으니까.

나는 끝까지 상대하지 않았다.

　멀리 락슈만 줄라가 보였다. 나는 길을 건너기 위해 오가는 차들과 오토바이의 틈을 노렸다. 여기는 건널목에서 자동차나 오토바이가 절대 사람에게 양보하는 법이 없다. 알아서 피해가야 하고 알아서 건너가야 한다. 잠시 틈을 노리는 사이 뒤에서 중얼거리던 남자가 나를 지나쳐갔다. 그는 여전히 똑같은 톤으로 똑같은 말을 반복하며 걸어갔다. 키가 작은 남자였는데 다부져 보였고 정면만 응시한 채 무표정했다. 치매 걸릴 나이도 아니고 정신병자 같지도 않았다.

　나는 길을 건너고 나서야 겨우 마음의 여유가 생겼고, 갑자기 나를 따라왔던 그 남자의 영어가 이해가 되었다. 그래서 상대를 이해하려면 반드시 마음의 여유가 필요하다. 그러니까 람 줄라에서 락슈만 줄라까지 오는 길은 10루피만 주면 되고, 락슈만 줄라에서 람 줄라까지는 20루피다. 그런데 너는 10루피만 줘도 되는데 무려 50루피를 줬다.

　그랬다. 그 남자는 아둔한 한국인을 이해시키려고 혹시 주위의 릭샤 운전사에게 들키면 안 되니까 무표정하게 앞만 보는 척하며 무려 100여 미터나 내 뒤를 졸졸 따라오며 같은 말을 반복했던 것이다.

　아, 그렇게 조심을 했건만 결국 또 나는 바가지를 쓰고 말

134

왔다. 그제야 운전하는 내내 행복하게 콧노래를 흥얼거리던 운전사가 이해가 되었다. 혹시 아직 그 릭샤가 있을까 싶어 내가 내렸던 정류장을 뒤돌아보니 릭샤는 벌써 사라지고 없고 정류장엔 먼지만 풀풀 날린다.

아, 이놈의 인도. 왜 이들은 기를 쓰고 악惡을 행할까. 절대 양보란 없고 아주 작은 틈이라도 보이면 사기를 치려고 아수라처럼 달려든다. 모든 것은 신의 뜻이고 업이라며 자기 유리한 대로 신을 해석한다. 어떻게 이런 아수라장에서 석가모니 같은 성인들이 배출되는 걸까. 진창에서 피는 연꽃처럼 성인聖人은 악惡 속에서라야 비로소 아름다운 꽃을 피우는 걸까.

여전히 화가 가라앉지 않았지만, 발길을 돌렸다. 아, 나의 수행. 내 안의 신은 어디에 있는 걸까. 괜찮아, 진정하자. 곧 꿈의 카페에서 칼칼한 김치찌개를 먹을 수 있다면 40루피 정도의 바가지쯤이야 괜찮다. 카페 주방장에게 미리 준 팁이라고 생각하자. 신을 떠올려도 꿈쩍 않던 화가 김치찌개에 겨우 진정된다. 그런데 이건 뭐지? 람 줄라에서 락슈만 줄라는 힘든 오르막길이고, 락슈만 줄라에서 람 줄라까지는 편한 내리막길이라 기름도 별로 들지 않는데 왜 가격이 배나 비싼 거지? 혹시 내가 잘못 들었나?

그날은 김치찌개도 맛이 없었다. 한국인 사장이 아쉬람에 요가를 배우러 가서 아직 오지 않았고 인도 주방장이 해준 김치찌개는 맵고 시큼하기만 해 그냥 물 많이 넣은 인도 카레 맛이었다. 신성한 수행자의 도시 리시케시는 식당에서도 고기를 넣을 수 없어 김치찌개 맛을 내기가 쉽지 않다. 바가지 쓴 40루피가 목구멍에서 다시 올라왔다. 아, 쿤달리니도 김치찌개도 소용없다. 내 안의 신神은 도대체 어디로 숨었는가.

일주일 뒤, 다시 나는 꿈의 카페에 가기 위해 아쉬람을 나섰다. 오늘은 네 명의 한국인이 리시케시를 떠나는 날이라 함께 저녁을 먹기로 했다. 두 사람은 바라나시로, 한 사람은 달라이 라마가 있는 히말라야 라다크로, 한 사람은 우리나라 한국으로 돌아간다. 방향은 제각각이지만 방향을 선택한 나름의 이유는 모두 타당하다. 과연 누가 정답의 길을 가는 걸까? 정답이 있기나 한 걸까? 분명한 것은 모두 자기의 결정이 옳다고 믿고 있다는 거다.

정류장에서 기다리던 릭샤를 탔다. 이번에는 흥정하지 않고 익숙한 인도 사람처럼 무덤덤하게 행동했다. 덧붙여 약간의 위압적인 분위기 연출을 위해 나는 한국에서 가져온 검은 선글라스까지 꼈다. 자주 타는 릭샤라 가격에 관심 없다는 듯 앉아 있자 운전사도 승객도 내게 신경을 쓰지 않았다. 그러나 나는 다른 사람들이 얼마를 내는지 선글라스 너머로 집중했다. 정확히 10루피였다. 다시 흥겹게 노래를 부르던 일주일 전 운전사가 떠올랐다. 가끔 나를 힐끔거리며 웃더니 속으로 이 바보야, 넌 바가지야, 했던 것이었다. 나는 그것도 모르고 팁까지 줄 생각을 했다니.

종교를 빼면 사실 인도는 위험하고 거의 생지옥이나 다름없다. 최고의 성지聖地라고 하는 바라나시는 특히 위험하다. 바라나시를 가겠다는 한국인들, 특히 여성들에게 나는 절대 밤에 혼자 다니지 말라고 거듭 경고한다. 신성한 곳일수록 악은 더 넘치고 더 더럽고 정신이 없다. 이 극과 극의 연결 관계는 도대체 어떻게 가능한 것일까? 어떻게 이러한 아수라장에서 최고의 성인이 연이어 나오는가. 역시 진창에 피는 연꽃처럼, 그 모든 악의 유혹을 모두 이겨냈기 때문일까.

그동안 정들었던 한국인들과 꿈의 카페에서 저녁을 먹고 헤어졌다. 언제 다시 만날까. 영영 만날 수 없을지도 모른다. 어쩌다 각자가 믿고 떠난 길에서 우연히 먼 이국땅에서 만났지만 각자 가는 방향은 모두 달랐다. 라다크로 떠나는 한국인은 리시케시에 요가를 배우러 왔다가 실망했다며 달라이 라마를 보러 떠났다. 그녀는 이번에 달라이 라마를 만나면 진짜 인생의 진리를 찾을 수 있을 거라며 확신했다.

다른 두 명의 한국인은 성지 바라나시에 있을 때가 자신들의 인생에서 가장 평화로웠다며 그곳에서 요가와 시타르를 배우며 몇 달쯤 머물면 인생의 모든 게 해결이 될 것 같단다. 나머지 한 사람은 이제 인도에서는 더 배울 게 없다며 한국으로 돌아갔다.

정답은 없다. 각자의 확신만 있을 뿐이다. 몇 달 뒤에, 낯선 길 위에서 아, 이 길이 아닌가, 다시 돌아오더라도, 항상 우리는 늘 그때그때의 확신으로 자신이 선택한 방향으로 나아가는 것. 그것이 한평생 불안하게 떠도는 우리네 인간의 삶이 아닐까.

그렇다면 내 길은 어디쯤일까. 나는 지금 어떤 확신으로 어떤 오류의 길 위에 서 있는 걸까? 알 수 없다. 나는 나의 위치를 확인할 수 없다. 인생도 나를 조망할 수 있는 드론Drone이 있다면 얼마나 좋을까.

그들과 작별하고 내가 머무는 아쉬람으로 돌아오다가 다시 나는 릭샤를 타기 위해 락슈만 줄라로 향했다. 아직 거꾸로는 한 번도 릭샤를 타보지 않았는데 내 뒤를 따라왔던 그 남자의 말을 확인하고 싶었다. 나는 그 남자의 말이 여전히 믿어지지 않았다. 왜냐하면, 내리막길이니까. 내리막길인데 오르막길보다 2배나 더 많은 돈을 내는 경우가 세상에 어디 있겠는가.

릭샤가 길을 따라 한 줄로 쭉 서 있었다. 내가 다가가자 그들이 먼저 호객행위를 했다. 어디 가요? 람 줄라! 얼마야? 오십 루피! 나는 어둠 속에서 혹시 예전에 내게 바가지를 씌운 놈이 아닌가 싶어 한 번 더 봤다. 아니었다. 나는 앞으로 더 걸어갔다. 또 다른 놈이 붙었다. 람 줄라! 얼마야? 오십 루피! 한 번 더 봤지만, 그 친구도 아니었다. 내 얼굴에 50루피라고 쓰여 있는 걸까. 나는 또 앞으로 갔다. 람 줄라! 30루피! 이것도 아닌데.

그럼, 얼마에 갈려고? 그가 다시 내게 물었다. 텐! 나는 집게손가락 하나를 펴서 하늘을 찔렀다. 10루피! 맞잖아. 순간 그의 표정이 얼어붙었다. 내 눈빛에 질려버린 표정이었다. 나는 그냥 인도 사람처럼 제일 앞에 있는 릭샤에 탔다.

그런데 뭔가 찜찜하다. 그래서 나는 다른 사람들이 얼마를 내는지 유심히 봤다. 아, 그런데 그들은 정말 20루피를 내는 것이었다. 나를 따라온 그 남자 말이 맞았다. 내리막이지만 락슈만 줄라에서 람 줄라까지는 20루피였다. 그러니까 연료가 기준이 아니었다. 뭔가 내가 이해 못 하는 그들 나름의 기준이 있었다. 그래. 우리 인간은 누구나 저마다의 기준이 있다. 기준을 가질 자유가 있다. 그 기준이 내 마음에 들지 않는다고 비난할 필요는 없다.

일주일 뒤, 다시 나는 꿈의 카페로 향했다. 이번에도 남아 있는 몇 명의 한국인이 리시케시를 떠나기 때문이다. 이제 그들마저 떠나면 한국인은 나만 남는다. A는 델리에서 요리를 배우겠다고 하고, B는 네팔에서 등반하며 히말라야의 기운을 조금 더 받아야겠다고 한다. C는 태국에서 위파사나를 배우겠다고 한다. 위파사나는 우리 아쉬람에 잘하는 친구가 있는데. 내가 소개를 해줄 수도 있어. 굳이 태국까지 갈 필요가 있을까. 그러나 꼭 가야 한단다.

이들의 여행은 어디쯤에서 끝날까. 정답은 없다. 각자의 기준과 확신만 있을 뿐이다. 우리가 믿고 있는 삶의 진실들은 얼마나 가볍고 위험한가. 어떠한 근거에 의해 확신을 하든, 지금의 꿈에서 완전하게 깨어나기 전에는 모두 의심해야 한다.

아, 그런데 나는 그날 저녁 네팔로 떠나는 B에게서 충격적인 얘기를 들었다. 자기는 리시케시에 머무는 6개월 동안 락슈만 줄라에서 람 줄라까지. 심지어 람 줄라를 한참 지나 마을에 있는 시장까지 가는데도 늘 10루피만 주고 다녔단다. 뭐라고? 분명히 락슈만 줄라에서 람 줄라까지는 20루피인데. 내가 분명히 봤는데.

아, 인도는 도무지 알 수 없는 나라다.

인도만 그럴까. 누가 지금 진실을 확신하는가. 내가 나비가 된 꿈을 꾸는지. 나비의 꿈에 내가 사람이 된 것인지. 누가 확신할 수 있는가. 오직 알 수 없다는 것만 확실하다.

나다요가의 비밀

때로는 종이 울리는 소리, 벌 소리, 귀뚜라미 소리,
드림이나 전자음을 듣는 사람도 있다.
그러한 소리는 몇 년에 걸쳐서 끊임없이 들린다.
이렇게 내면의 소리에 집중하는 수행을 쉬지 않고 계속해 가면
결국에는 모든 장애가 제거되어 삼매의 경지에 오른다.
– 마하라지

다시 시바난다 아쉬람을 찾았다. 아직 내가 파악하지 못한 비밀이 더 있을 것 같았다. 헌신이나 봉사가 실천하기 어렵기는 하지만, 그것만으로 시바난다 요가가 세계적인 요가로 성장하기는 어려웠을 것이다. 아무래도 내가 미처 파악하지 못한 뭔가가 더 있을 것 같았다. 이제는 외국인 제자를 받지 않기 때문에 그들의 비법을 배울 수 없다는 것도 나를 부추겼다.

오래전에 나는 이 길에서 어떤 방해가 있더라도 절대 후퇴하거나, 타협하거나, 포기하지 않겠다고 다짐했다.

시바난다 아쉬람은 첫 번째 방문 때처럼 적막했다. 수백 명이 잠자며 수행할 수 있는 건물들은 대부분 비어 있었다.

인도인들에게 더 많이 기회를 주고 싶었겠지만, 정작 요가를 배우겠다는 인도인들은 드물었다.

아쉬람 내부에 들어가니 마침 사제 두 명이 신전에서 의식을 진행하고 있었다. 의식에 함께하는 신도信徒는 키가 훤칠한 할머니 한 사람뿐이었다. 이번에도 나는 합장을 하고 의식에 함께했다. 신도가 둘밖에 없어 단출하니 좋았다.

그런데 의식 중간에 내 옆에 선 훤칠한 키의 할머니가 자꾸 나보고 뒤로 가라고 손짓을 한다. 허 참. 외국인이라고 옆에 서지도 못하게 하는 건가. 인종은 달라도 자기나 나나 평범한 신도에 불과한데. 이거 세계로 뻗어 나간 아쉬람답지 않게 차별이 심한데.

내키지 않았지만 이만한 일로 국가 간에 분쟁을 일으킬 수는 없으니 나는 인도 할머니의 요구대로 한발 뒤로 물러났다. 그런데 다른 이유가 있었다. 곧이어 어떤 순서에서 할머니가 씩씩하게 천장에 매달린 종을 치기 시작했다. 그러니까 조금 전에 바로 그 큰 종 밑에 내 머리가 있었다. 할머니가 키가 큰 이유도 바로 그 때문이었다.

조금 더 뒤로 물러날 걸 그랬다. 바로 내 위에서 사람 머리 크기의 종이 뎅그렁뎅그렁 울리기 시작했다. 그래도 견딜 만했다. 소리는 컸지만 너무나 청량하고 맑고 깨끗했다. 눈을 감았더니 머리부터 발끝까지 종소리가 울려 퍼져 온몸이 쩌릿쩌릿했다.

도대체 몇 번이나 치려는 것일까. 내 몸의 안과 밖이 온통 종소리로 채워져 흡사 하늘나라에 오른 느낌이다. 아, 그리고 그 순간 그 느낌을 따라 번쩍 깨달음이 왔다. 멈출 줄 모르고 끝없이 이어지는 종소리가 굳게 닫힌 시바난다 아쉬람의 비밀을 열었다. 이곳은 비밀법 나다 요가Nada Yoga를 가르치는 곳이었다.

소리를 통해 깨달음에 도달하는 나다 요가는 크리야 요가와 함께 인도의 대표적인 비밀 요가다. 능엄경에 나오는 관세음보觀世音菩薩의 이근원통耳根圓通이 바로 나다 요가의 핵심이다.

소리의 성품은 움직이고 고요해서
듣는 중에 있기도 하고 없기도 하니,
소리가 없으면 들음이 없다고 할지언정,
진실로 듣는 성품이 없는 것은 아니네.
소리가 없더라도 없어진 것이 아니요.
소리가 있어도 생긴 것이 아니라네.
– 능엄경

수련법이 비밀이라는 것은 그만큼 단계가 높다는 의미다. 낮은 단계인 아헹가 요가, 아쉬탕가 요가, 하타 요가 등은 세계 어디서나 쉽게 배울 수 있다. 그러나 비법인 나다 요가를 공개적으로 일반인에게 가르쳐 주는 곳은 없다. 만약 공개적으로 가르치거나 책으로 판다고 하면 장담하는 바 가짜다. 국선도의 비법인 진기단법眞氣丹法도 마찬가지다. 국선도 책에 나와 있는 건 비법의 일부에 불과하다.

드디어 키 큰 할머니가 타종을 멈췄다. 종소리를 타고 천상을 떠돌던 나도 천천히 지상으로 내려왔다. 뭐 하는 할머니지? 복장은 아쉬람에서 일하는 차림인데 인도의 다른 노인들처럼 뚱뚱하지도 않고 기운이 넘쳤다. 할머니는 종을 친 뒤 의식이 끝나기도 전에 자신의 역할이 끝났다는 듯 어딘가로 가버렸다.

한동안 종소리는 내 안에서 계속 울렸다. 마치 꿈속 같다. 이건 뭘까. 소리가 남긴 진동이 내 몸에 남아 있기 때문일까. 아니면 소리를 기억하는 의식 때문인가. 《능엄경》의 말씀처럼 소리가 없어도 소리가 없어진 것이 아니었다. 그래서 소리의 뿌리를 찾아가면 내 의식의 근원과 통한다고 이근원통耳根圓通이라 했구나.

소리로 수련을 한다면 황당하게 들릴 수도 있다. 그런데 가만히 살펴보면 어떤 종교나 어떤 수련단체든 대부분 소리를 쓴다. 기독교의 아멘과 찬송가도 소리다. 불교의 '옴마니 반메홈과 관세음보살'은 만트라다. 국선도에도 선도주에 맞춰 호흡하는 것도 소리의 효과를 활용한 것이다. 이 외에도 종을 치거나 북을 치거나 목어를 치는 것도 마찬가지다. 기독교도 마찬가지다. 요한복음 1장을 깊이 음미해보면 소리와 연결되어 있음을 알 수 있다.

> 태초에 말씀이 계시니라.
> 이 말씀이 하나님과 함께 계셨으니
> 이 말씀이 곧 하나님이시라.
> – 요한복음 1장 1절

이처럼 소리가 여러 종교와 수련법에 다양하게 활용할 수 있다는 것은 그만한 영적인 힘을 갖고 있다는 뜻이다. 창세기에 하나님은 말씀으로 세상을 창조했다고 하셨다. 보통 말씀의 뜻만 생각하는데 뜻보다 소리 자체에 창조의 힘이 있다. 소리는 진동이다. 진동의 파동이 커지면 소리로 변한다. 그래서 소리는 파동의 에너지다. 이 소리가 모이고 강해지면 빛이 되고 빛에서 물질이 창조된다.

눈으로 빛을 보고 귀로 소리를 들어야 만법을 이루리라.

– 법안문익法眼文益

하나님이 소리로 세상을 창조했다는 것은 우주가 다양한 소리로 구성되어 있다는 뜻이기도 하다. 사람 몸도 신의 창조물이기 때문에 당연히 소리가 내재되어 있다. 내 몸 안에도 소리가 있고 내 몸 밖 우주에도 소리가 있어서 소리를 통한 신과의 합일(Yoga)이 가능하다.

'옴Aum'은 일반적으로 우주의 근본 소리라고 하며 근본 신神을 상징한다. 요한복음에서 언급한 태초의 말씀이다. 태초의 말씀이 곧 하나님이므로 요가 수행의 끝에 항상 신과의 합일을 위하여 함께 '옴'을 제창한다. 요가의 옴AUM과 기독교의 아멘AMEN은 같은 뜻이다.

이처럼 인도의 나다 요가는 근원을 깨치는 높은 단계의 수련법이다. 나는 리시케시에서 만난 요가 지도자들에게 늘 한 단계 더 높은 요가를 해보라고 권했다. 요가는 8단계로 분명하게 단계별로 수련법을 구분해 놓고 있다. 초등학교만 계속 다녀서는 학문이 발전하지 못한다.

아사나 요가는 몸을 유연하게 하고 몸에 쌓인 독毒을 씻어 내 육체를 조절할 힘을 기른다. 대개 이러한 기초과정은 3년 정도면 충분하다. 그 뒤에는 한 단계 높은 요가로 올라가야 한다. 기초과정은 기초과정일 뿐이기 때문이다. 즉, 기초과정을 20년, 30년, 아무리 오래 한다고 해도 신을 만나거나 깨달음을 얻는 일은 불가능하다. 그래도 혹시 사람 일은 모르는 거니까. 자기만은 예외로 될 수도 있으니까 고집스럽게 기초만 닦는 사람들도 있다.

국선도도 마찬가지다. 기초단계인 정각도 단계를 아무리 오래 한다고 해서 높은 단계인 통기법이 완성되는 것은 아니다. 절대 그런 일은 일어나지 않는다. 모래를 아무리 오래 정성을 들여 삶는다고 절대 밥이 되는 일이 없는 것과 마찬가지다. 그러나 밥이 된다고 믿는 사람들이 너무 많다. 착각하는 사이 아까운 인생의 시간이 물처럼 흘러나가면 되돌릴 수 없다.

리시케시에는 한국의 요가강사들이 많이 찾아온다. 어떤 사람은 10년 전부터 거의 매년 리시케시에 와서 요가를 배운다. 더 완벽한 아사나 자세를 완성하기 위해서란다. 더 완벽하고 더 예쁜 자세를 완성하는 것이 무슨 의미가 있을까. 패스 연습을 하고 드리블 연습을 하는 것은 경기장에 들어가 경기를 하기 위한 것이지 패스 연습 자체에 의미가 있는 것은 아닌데 말이다.

다행히 최근에는 우리나라에도 요가 명상이나 고급단계의 요가(라자 요가)를 하겠다는 사람들이 조금씩 늘고 있다. 아사나 위주에서 점차 명상 위주의 요가로 바뀌고 있다. 아마 세상의 의식이 조금씩 깨어나기 때문이 아닐까 싶다.

라자 요가Raja Yoga는 요가의 단계 중에서도 최고의 단계다. '라자'라는 말은 인도말로 왕King이라는 뜻이다. 라자 요가 중에서 대표적인 요가가 바로 소리를 통한 '나다 요가'와 빛을 통하는 '크리야 요가' 두 가지다. 앞에서도 언급했지만, 최고 단계의 두 요가는 모두 자격을 갖춘 제자에게만 비밀리에 전수된다.

나는 운 좋게 그들이 비법을 전수하는 장면을 엿볼 수 있었다. 할머니의 종소리를 듣고 아쉬람의 정체를 알게 된 뒤 아쉬람 이곳저곳을 살피던 나는 바로 옆 홀로 들어갔다. 직감적으로 뭔가가 더 있을 것 같았다.

시바난다를 모신 경내의 왼쪽 벽으로 의자들이 일렬로 배치되어 있고 나는 멀지도 가깝지도 않은 중간쯤의 의자에 앉았다. 그런데 오른손에 배낭을 멘 어떤 사람이 헐레벌떡 경내로 들어왔고 커튼 안에서 두 사람의 사제가 급하게 마중을 나왔다. 아마 약속 시각보다 많이 늦었던 모양이다.

그들은 밖에서 보이지 않게 얼른 커튼을 쳤고 늦게 온 신도에게도 꿇어앉게 하고는 온몸에 천으로 된 보자기를 씌웠다. 그리고 두 명의 사제가 어떤 주문을 외웠는데 내 귀에도 분명하게 들렸다. 이 모든 것이 비밀의 의식이라 밖에서 못 보게 커튼을 쳤지만, 급하게 닫느라 커튼의 1/3쯤이 열려 있었고 나는 10년 넘게 나다 요가를 수련하고 있었기 때문에 그것이 어떤 의식인지 알았다.

나는 아쉬람이나 사원에 갈 때면 늘 운이 좋았는데 이번에도 그랬다. 키 큰 할머니가 갑자기 평소와 다르게 종을 치는 바람에 나는 이 아쉬람이 나다 요가와 연결되어 있다는 힌트를 얻었고, 시바난다를 모신 경내에서는 제자가 늦게 도착하는 바람에 그들의 비밀의식을 직접 목격할 수 있었다.

우리나라에 소개된 시바난다 요가의 책에는 나다 요가에 대한 언급이 없다. 언급이 없는 것이 당연하다. 일반적인 제자들에겐 허용되지 않고 일정한 단계를 거친 특별한 제자에게만 전수되기 때문이다. 비법은 절대 한두 해에 터득되지 않는다. 오랜 기간 스승으로부터 정확하고 체계적으로 배워야 한다.

나다 요가에서 가장 중요한 것은 내면의 소리를 듣는 것이다. 처음부터 내면의 소리를 들을 수 없기에 우선 우주의 소리 '옴'을 읊조리며 물라다라 차크라에 집중해야 한다. 그렇게 일체의 잡념을 여의고 물라다라 차크라에 집중하면 어느 순간 꼬리뼈에 잠자고 있던 내 안의 쿤달리니 에너지가 깨어난다. 이 에너지가 각 차크라를 통과하며 오르기 시작하면 내면의 소리가 들리기 시작하는데 마지막에 해조음海潮音이라고 하는 파도 소리를 들어야 한다.

이때 들리는 소리는 귀를 막아도 귀를 열어도 들리는 소리다. 즉, 일반적인 소리의 차원을 넘어선 소리라는 것이다. 우리나라에는 관세음보살觀世音菩薩을 모신 절이 나다 요가의 성지라고 보면 된다. 그래서 우리나라의 유명한 관음성지觀音聖地는 대부분 바다 옆에 있다.

소리가 변화하고 커지게 되면 눈앞에 빛이 보이기 시작한다. 이때의 빛은 눈을 감아도 보이고 눈을 떠도 보인다. 세상에 없는 소리와 세상에 없는 빛의 체험이 깊어지고 길어지면 점차 몸의 감각이 사라지고 육체에 묶여 있던 의식이 풀려나며 비로소 우주의식으로 확장된다.

이러한 상태가 깊어져 어떤 단계를 넘어서게 되면 그때 비로소 자신의 빛나는 영혼眞我을 직접 보게 된다. 그 상태까지 가야 내가 육체로부터 파생된 존재가 아니라 빛나는 영혼의 존재임을 깨닫는다. 그래서 내 육체가 죽더라도 내 중심의 빛은 영원히 꺼지지 않는다는 것을 알게 된다. 육체가 죽으면 끝이라느니, 한 번 살다 죽는 인생이니 해볼 거 다 해보고 죽어야 한다는 말들이 얼마나 어리석은지 깨닫게 된다. 실제 체험하지 않고 논쟁하고 추측하는 것만으로는 절대 이러한 진리를 알 수 없다.

바로 이러한 경지에서 내가 보는 영혼이 바로 내 안의 신神이다. 내 안에 빛나는 바로 이 신이 내 밖에 있는 보편적인 신과 연결되고 결합하는 것이다. 이때 안과 밖의 구분은 의미가 없어진다. 나와 남과의 구별도 사라진다. 이래서 예수께서 하나님은 내 안에 있고 나는 하나님 안에 있다고 하셨다. 모든 것은 궁극적으로 하나다.

히말라야에서 만난
나다 요가 수행자

성경에 나오는 태초의 말씀은
신에게서 나오는 지성적 에너지,
지성적인 진동을 뜻한다.
이 우주는 신의 생각들의 진동이다.
- 요가난다

　인도는 나다 요가를 수련하기 매우 적합한 곳이다. 그래서 인도 사람들은 챈팅(찬송)을 정말 좋아한다. 밤낮없이 어디서나 챈팅을 하는 바람에 명상에 방해를 받을 때가 많다. 왜 이들은 이렇게 챈팅을 좋아할까? 여러 가지 원인을 찾아봤지만 마땅한 답을 찾기가 쉽지 않았다.

　어느 날, 나는 인도에서 출발한 항공기가 한국의 공항에 도착하자마자 인도와 무엇이 다른지 집중해 보았다. 그랬더니 역시 분명한 차이가 느껴졌다. 한국의 허공은 인도와 비교하면 정말 고요했다. 고요한 아침의 나라라는 표현이 새삼 적절해 보였다. 이에 비해 인도의 허공은 온갖 영적인 파동들이 가득하다. 이것을 구체적으로 설명하기는 어렵지만, 아무튼 허공에 가득한 영적인 에너지 파동들이 사람들이 부르는 노래에 잘 반응했다. 그래서 인도는 소리를 매개체로 하는 나다 요가를 수련하는 사람들이 많다.

나는 몇 년 전에 리시케시에서 장장 스무 시간 버스를 타고 해발 4천 미터 고도에 있는 히말라야 바드리나트라는 곳에 갔었다. 인도인들이 죽기 전에 꼭 가보고 싶어 하는 최고의 성지지만 1년의 대부분이 눈으로 덮여 있고 길도 위험해 실제 가는 사람은 드물다.

그곳에서 나는 만년설 밑에 토굴을 파고 수행하는 젊은이를 만났다. 추위와 바람의 영향을 최대한 줄이기 위해 언덕에 밀착해 토굴을 만들어 밖에서는 토굴인지 산인지 구별이 되지 않았다. 해발 4천 미터 만년설 밑을 지나가다 어떤 느낌에 고개를 들었는데 누군가가 나를 내려다보고 있었다. 약간 먼 거리였고 머리만 삐쭉 나와 있어 자세히 보지 않으면 잘 보이지 않았다.

내가 나마스떼! 인사를 하자 그가 손짓으로 올라오란다. 덕분에 나는 그의 토굴을 구경할 수 있었는데 입구는 작은데 내부는 아늑하고 길었다. 폭은 3m 정도로 좁았고 길이가 10m는 족히 될 것 같았다. 흙바닥도 깨끗하고 음식을 끓여 먹는 작은 냄비도 깨끗하게 씻겨 있었다. 큰 바위를 중심에 두고 기역으로 꺾은 형태로 흙벽을 쌓아 방을 만들었는데 토굴의 구조가 온기를 가두기 때문인지 내부는 훈훈했다. 히말라야 강추위를 견디는데 최적화한 형태였다.

자세를 잡고 앉으니 어쩐지 내부가 자주 와 본 듯 익숙하고 아늑했다. 늘 나는 히말라야의 이런 토굴을 꿈꿨다. 그는 머문 지 2년 정도 되었다며 토굴은 스승에게서 물려받은 것이란다. 한겨울에는 영하 40도까지 떨어지는 극한의 추위와 두려움과 외로움을 그는 어떻게 견딜까. 나보다 훨씬 어려 보이는데 기특했다.

그와 이런저런 얘기를 나누다 옆을 보니 안으로 이어지는 문 하나가 더 보였다. 저 방은 뭐냐고 물으니 신전神殿이란다. 보고 싶다고 했더니 안 된단다. 안 된다고 순순히 물러설 내가 아니다. 딱 한 번만. 다음에는 절대 보여 달라고 안 할게. 딱 한 번만. 내가 또 언제 이곳에 오겠는가.

그는 내 지갑과 혁대가 짐승 가죽으로 되어 있어 안 된단다. 허 참 답답한 친구네. 벗으면 되지. 나는 지갑과 혁대를 벗어 놓고 신전 안으로 들어갔다. 신전 내부는 세 평 정도 되는 넓이였고 한쪽에 못이 박힌 침대와 도끼 두 자루가 있고 신전에는 나라얀과 시바 신을 모셨다. 작은 신전 앞에는 촛불 하나가 타고 있었다. 못 침대 위에 자느냐고 물으니 자기는 자지 않고 그의 스승이 와서 잔다고 하는데, 오랫동안 쓰지 않아 못에는 붉은 녹이 슬었다.

그때 파라마한사 요가난다 자서전이 내 눈에 들어왔다. 그렇다면 그는 크리야 요가 아니면 나다 요가를 수련할 것이다. 나는 자서전을 가리키며 나의 스승이라며 너는 무슨 수련을 하느냐고 물으니 역시 나다 요가란다.

그렇다면 너는 무슨 소리를 듣느냐고 묻자 깜짝 놀라 입을 다문다. 당황해 입을 다무는 모습이 순진하다. 북소리나 종소리를 듣느냐고 하자 놀라며 그건 비밀이라 말할 수 없단다. 맞다. 나다 요가 비법의 계승자는 철저하게 비밀을 지켜야 한다.

나는 촛불 옆에 시주금을 얹어 놓고 신전을 나왔다. 인도인들에겐 꽤 거금인데 그는 크게 흥미가 없어 보였다. 그가 차를 끓이겠다고 했지만, 아래에서 기다리는 일행 때문에 그럴 시간이 없었다. 그와 헤어져 산길을 내려오다 돌아보니 그도 토굴에서 나와 나를 내려다보며 손을 흔들었다. 한참을 내려와 또 되돌아보자 그는 아직도 멀어지는 나를 내려다보고 있었다. 기다리는 일행만 아니면 하룻밤 자고 오고 싶은데 못내 아쉬웠다.

간밤에 꿈을 꾸었다. 그때 그 토굴이었다. 그 젊은이는 보이지 않고 나만 보였다. 그는 어디 갔을까? 가만히 생각해 보니 그 토굴은 내 것이었다. 못 침대 위에 둔 두 자루의 도끼가 눈에 들어왔다. 어제 새벽에는 저 도끼로 곰을 내쫓았다. 며칠씩 계속되는 눈보라로 배고픔에 지친 큰 곰이 잠든 새벽에 내 토굴을 침범했다. 고함을 질러도 나가지 않아 도끼로 곰의 가슴팍을 때렸다. 도끼의 등으로 쳤기 때문에 멍은 들어도 큰 상처는 입지 않을 것이다. 곰에게는 야박하지만, 그에겐 따뜻한 털이 있으니 밖에서도 얼어 죽지 않을 것이다.

얼마 뒤 밖으로 나오니 눈은 그쳤다. 하늘을 보니 초승달이 서산에 걸려 있고 별은 쏟아져 내릴 듯 뚜렷하고 빈 곳 하나 없이 모든 곳을 덮고 있는 하얀 눈도 별빛처럼 반짝인다. 움직이는 게 아무것도 없지만 외롭거나 두렵다는 생각은 들지 않는다.

늘 오르는 큰 바위 위에 앉아 눈을 감으니 내 안인지 밖인지 모를 곳에서 작은 소리가 들려온다. 처음엔 벌이 앵앵대는 소리가 들리고 이어서 나무가 타는 소리, 나무를 두드리는 소리, 피아노 선율 같은 소리도 들린다. 꿈 밖의 나는 처음 듣는 소리지만 꿈속의 나는 익숙한 소리다. 귀를 막자 소리는 더 커지고 더 맑아졌다.

이윽고 둥둥 북소리가 들리는가 싶더니 종소리가 크게 울렸다. 종소리는 다른 모든 소리를 누를 만큼 컸다. 가만히 생각해 보니 시바난다 아쉬람에 갔을 때 키 큰 할머니가 쳤던 바로 그 종소리다. 모든 게 뒤죽박죽이다. 여기가 리시케시인가? 아니면 작년 여름에 갔던 히말라야 바드리나트인가? 아니면 한국의 내방인가? 그러나 꿈속의 나는 상관없다. 아무려면 어떤가. 시간이란, 공간이란, 무의미한 것이다.

이윽고 쏴 하는 웅장한 해조음이 길게 이어지고 영롱한 빛이 열렸다. 빛이 점점 커져 주위가 대낮같이 밝아졌다. 근처에 바다가 있었던가? 맞다. 토굴 바로 위에 폭포가 있었다. 그러나 폭포 소리는 아닌 것 같다. 저 멀리 하늘의 은하수가 흐르는 소리일까. 그래서 은하수銀河水라고 했을까. 아무려면 어떤가. 나는 지극히 행복하다. 토굴 속에는 깨끗하게 씻은 냄비와 겨울을 버틸 약간의 식량밖에 없지만 내 만족은 지구를 덮고도 남는다.

크리야 요가의 비밀

크리야 요가는 호흡을 통해 혈액에서 탄산가스를 배출시키고
산소를 재충전하는 방식으로 감각과 지성을 다스리며,
이를 통해 심장의 생명력이 통제되면,
영원한 자유를 얻는다.
– 요가난다

히말라야 설산을 찾는 많은 사람은 대부분 한 사람의 위대한 스승을 만날 수 있기를 기원하는데, 바로 살아 있는 신의 화신化身으로 알려진 마하바타르 바바지다. 그가 얼마나 오랜 세월 히말라야에서 육체를 유지하고 있는지 정확히 아는 사람은 없다. 그보다 오래 산 사람이 없기 때문이다.

이 위대한 스승이 160년 전에 라히리 마하사야를 통해 세상에 공개한 요가가 바로 크리야 요가Kriya Yoga다. 크리야 요가Kriya Yoga는 나다 요가와 함께 인도의 대표적인 비밀 요가다. 굳이 둘 중에 순위를 매긴다면 당연히 크리야 요가다. 그래서 크리야 요가를 왕 중의 왕king of kings이라고 한다.

그러나, 160년 전에 공무원이었던 라히리 마하사야는 바바지를 만날 생각이 없었다. 그는 잘못된 인사이동에 의해 라니케트라는 히말라야 오지로 갑자기 발령을 받았고, 부임하자마자 히말라야를 둘러보다 그만 길을 잃었다. 그때 갑자기 위대한 스승 바바지가 나타나 '오, 라히리, 네가 왔구나!' 하며 그를 반겼다. 라히리 마하사야는 이미 결혼해 처자식이 있었고 나이도 삼십 대 중반이었다. 그런데 초면에 불쑥 나타나 그의 이름을 서슴없이 부르는 사람은 이십 대 중반쯤으로 자기보다 훨씬 젊어 보이는 청년이었다.

얼떨결에 그의 동굴까지 간 라히리 마하사야는 바바지가 자신의 이마를 건드리자 자신이 전생前生에 바바지의 제자였음을 알게 되었고 열흘 동안 그곳에 머물며 크리야 요가를 배우게 된다. 이렇게 전수된 크리야 요가는 스리 유크테스와르를 거쳐 파라마한사 요가난다로 전해졌고 지금은 세계에서 가장 유명한 요가가 되었다. 나는 이십 대 초반에 요가난다 자서전을 통해 바바지의 존재를 처음 알게 되었다.

누구든지 경외하는 마음으로 바바지의 이름을 부르면,
그 순간에 바바지의 영적인 축복의 도움을 받게 된다.
– 요가난다

자서전에는 분명하게 이렇게 씌어 있었다. 그래서 당시의 나는 최대한 마음을 모아 책에 나온 대로 바바지에게 영적인 축복을 내려달라고 간절히 기도했다. 그런데 실망스럽게도 축복은커녕 아무런 느낌도 받지 못했다. 그런데 그로부터 20년 뒤에 나는 요가난다가 설립한 단체(SRF)에서 크리야 요가를 배우게 된다. 그는 무려 20년이 지난 뒤에도 내 기도를 잊지 않고 들어주셨다.

얼핏 최상의 요가 비법이면 히말라야에서 오로지 수행만 하는 수행자에게 전수되어야 할 것 같다. 그런데 크리야 요가는 우리처럼 도시에 사는 평범한 사람에게 전해졌다. 라히리 마하사야는 철도청 공무원에다 아내와 네 명의 자식까지 있었다. 이러한 전수자의 조건은 우연이 아니라 미래를 내다보고 철저히 계획한 것이었다.

1861년. 라히리 마하사야가 바바지로부터 크리야 요가를 전수한 시기는 영국에서 시작된 산업화가 세계로 퍼져가던 시기였다. 인구도 빠르게 늘고 물질문명의 발달 속도는 지구를 위험에 빠뜨릴 정도로 급속도로 발전했다. 이를 통제하기 위한 인간의 정신도 고속으로 발전되어야 했다.

즉, 기존처럼 히말라야 동굴에서 소수의 사람이 깨닫는 것으로는 부족했다. 인류문명의 안정을 위해 전 세계에 더 많은 영적인 사람의 활약이 필요했다. 그렇다고 그 많은 사람이 가정과 직장을 버리고 모두 히말라야의 동굴에 들어가 수행에만 매달린다면 세상은 유지될 수 없다.

그래서 평범한 직장인이었던 라히리 마하사야가 선택되었다. 크리야 요가는 수련의 핵심만 발췌해 절묘하게 체계화시켰기 때문에 직장과 처자식을 부양하며 수련을 병행해도 충분히 높은 깨달음을 성취할 수 있다. 바로 이 점이 크리야 요가의 위대함이고 핵심이다. 그것이 실제로 가능하다는 것을 라히리 마하사야가 현실에서 증명했다.

지금까지 라히리 마하사야를 찍은 사진은 딱 한 장뿐이다. 그는 사진 찍는 것을 싫어했는데 억지로 제자들이 몰려와 사진을 찍어도 어찌된 셈인지 사진에 나타나지 않았다. 몰래 사진을 찍어도 마찬가지였다. 그때 그는 말했다.

나는 영靈이다. 보이지 않으면서
어디에나 있는 존재를 사진기로 잡아낼 수 있겠느냐?
– 라히리 마하사야

그의 육체는 사진기도 포착할 수 없을 만큼 이미 물질을 넘어선 상태였다. 그때 몰래 사진을 찍었던 제자가 제발 한

번만 사진을 찍게 해달라고 울면서 애원을 했고 겨우 허락을 받아 찍은 사진이 지금 유일하게 남아 있는 사진이다. 그는 항상 외부와 내부 세계의 중간쯤에 머무는 듯 반쯤 눈을 뜨고 있었는데 몇 시간 동안 지켜보아도 눈꺼풀이 전혀 움직이지 않았고 숨도 쉬지 않고 맥박도 정지한 상태에서 잠도 자지 않았다고 한다.

라히리 마하사야는 한국 나이로 34세인 1861년에 크리야 요가를 전수한 뒤 59세인 1886년에 정년퇴직을 한다. 그는 무려 25년 동안 직장과 가정에 대한 의무를 이행하며 동시에 제자들을 가르쳤다. 퇴직 후 10년 동안도 마찬가지였다.

5년 전. 나는 그가 160년 전에 제자들에게 직접 크리야 요가를 가르쳤던 바로 그 라히리 마하사야의 집에 갔었다. 바라나시의 좁고 냄새나고 지저분한 골목을 한참 동안 헤맨 뒤에야 겨우 그 집을 찾을 수 있었는데 지금은 라히리 마하사야 아쉬람으로 바뀌어 있었다.

이 더럽고 시끄러운 곳에서 그는 무려 36년 동안 직장과 가정에 대한 의무를 다하며 수행하고 가르쳤다. 그는 진정 더러운 진창에서 핀 아름다운 연꽃이었다. 그로 인해 많은 영혼이 미망에서 깨어났고 파라마한사 요가난다는 전 세계 수천만 명의 영혼을 깨웠다. 지금 내가 바로 그 성스러운 현장에

와 있다고 생각하니 감격과 함께 성스러운 진동이 파도처럼 밀려왔다.

내가 갔을 때 사원은 텅 비어 있었고 사원을 지키는 수행자 한 사람이 윗옷을 벗고 땀을 흘리며 물감으로 벽화의 벗겨진 틈을 메우고 있었다. 이렇게 어마어마한 기운과 신성한 진동이 넘치는 성지를 찾는 사람이 거의 없다는 게 의아했다.

제법 넓은 거실에 마하바타르 바바지의 전신 조각상이 있는데 다른 곳보다 굉장히 힘 있고 당당했다. 나는 은은한 기운이 흘러나오는 바바지 조각상 앞 대리석 바닥에 혼자 앉아 명상했다. 라히리 마하사야가 수많은 제자에게 크리야 요가를 전수하던 바로 그곳이었다. 눈을 감자 그때로 돌아간 느낌이었다. 나는 많은 사람 속에 함께 앉아 있고 맨 앞에는 라히리 마하사야가 반쯤 뜬 눈으로 조용히 웃고 있었다. 영원히 깨고 싶지 않은 꿈같은 시간이었다.

시간 가는 줄 모르고 앉아 있다가 겨우 아쉬움을 달래며 자리에서 일어났다. 그런데 황당하게도 사원의 철문이 바깥에서 큰 자물쇠로 잠겨 있었다. 오후 5시에 문을 닫는데 내가 그만 시간을 넘겨버린 탓이다. 관리인도 내가 안에 있는 걸 몰랐던 모양이다. 어떡하지. 잠시 당황했지만, 까짓것 잘됐다 싶었다. 이런 기회가 또 있을까. 다음날 문이 열릴 때까지 밤새 앉아 명상이나 하자. 나는 다시 바바지 앞에 앉아 명상에 들어갔다. 다시 영원한 꿈이 이어졌다.

30분쯤 지났을까. 어디선가 관리인이 나오더니 육중한 철문을 열고는 어이가 없다는 듯 눈짓으로 나를 내쫓았다. 아, 언제 다시 이곳에 올 수 있을까. 밖으로 나오니 더위와 소음과 악취가 기다렸다는 듯 몰려들었다. 지옥은 천국의 바로 옆이라더니 정말이었다.

현대인들은 바쁘다. 늘 시간과의 싸움이다. 이러한 현대인들에게 맞춘 수행법이 바로 크리야 요가다. 크리야 요가는 직장과 가정의 의무를 다하며 짧은 시간을 투자해도 높은 성취를 이룰 수 있다.

세상의 모든 고단계의 수련법처럼 크리야 요가 또한 비밀이다. 비밀을 지키라는 서약 때문에 여기에 크리야 요가의 자세한 수련방법을 공개할 수는 없지만 궁금한 분들을 위하여 공개된 범위 안에서 요약하면 이렇다.

크리야Kriya라는 말을 듣고 어떤 분들은 크릴새우를 떠올리는 분들도 있지만 크리야의 본래 뜻은 까르마Karma라는 뜻이다. 내가 가진 나쁜 업業을 씻어내 내 깨끗한 본성을 되찾고, 그 본성이 궁극의 신과 결합한다.

또 까르마라는 뜻이 특별한 동작을 한다는 의미도 있다.

즉, 특별한 동작으로 구성된 수련을 하게 되면, 그것이 우주의 에너지를 가동해 나의 까르마를 씻어내게 되는 수련법이다. 앞에 소개한 나다 요가는 소리를 통해 궁극의 신과 결합했다면, 크리야 요가는 호흡을 통해 신과 결합한다.

그런데 호흡을 통한 방법이긴 하지만 크리야 요가는 호흡보다는 빛을 이용한다. 크리야 요가의 방식대로 동작과 호흡을 하면 쉽게 쿤달리니가 각성되어 내면의 빛이 나타난다. 나는 책(당신은 길 잃은 신이다)에서 이 빛에 대해 많은 설명을 했지만 사실 세상의 모든 수련은 이 빛을 얻는 데 있다. 마하라지의 니케탄 요가의 핵심도 바로 이 빛이다.

진아眞我는 스스로 빛을 내는 존재다.
– 마하라지

이 빛을 불교에서는 니밋따라고 하고, 중국의 도교에서는 현빈지문玄牝之門이라고 하고, 국선도에서는 얼의 영靈이라고 한다. 절에 가면 심우도를 그린 벽화의 마지막에 동그랗게 큰 원을 그려놓았는데 이게 바로 니밋따이고 크리야 요가의 호흡을 통해 나타나는 빛이다. 나다 요가에서도 소리에 집중하면 이 빛이 나타난다.

불교에서 관세음보살觀世音菩薩이 이러한 과정의 요약이다. 즉, 소리는 듣는 것이므로 문세음보살聞世音菩薩이어야 한다. 그런데 소리를 귀로 듣지 않고 눈으로 본다觀는 관세음보살觀世音菩薩이다. 이처럼 글자를 다르게 쓴 이유가 바로 소리를 통해 빛이 나타나기 때문이다. 기독교에서도 말씀과 성령의 빛에 관한 이야기는 무수하게 많다. 빛과 소리는 높은 단계의 수련으로 나아가기 위해 반드시 숙달해야 하는 필수코스다.

나는 왕성한 호기심과 신의 가호로 여러 수련법을 익힐 수 있었다. 수련법들은 각자 나름의 장점들이 있지만, 정말 신기하게도 모든 수련법의 마지막 과정에 도달하면 똑같이 빛이 보였다. 빛을 유도하는 방법도 거의 비슷했다. 그러나 그중에 가장 빠르고 쉽고 효과적인 방법은 역시 크리야 요가였다.

크리야 요가는 수련방법이 굉장히 간단하고 과학적이고 효과적이다. 그런데 안타깝게도 실제 도전하는 사람은 드물다. 여태까지 나는 많은 사람에게 크리야 요가 수련을 권했지만, 실제 도전하는 사람은 극소수였다. 핑계 없는 무덤이 없는 것처럼 각자의 이유는 많았다.

그러나 진실한 수행자라면 하나만 보고 가야 한다. 절대주저하거나 핑계 뒤에 숨지 말아야 하며 이번 생에 깨달음을 얻겠다는 간절함만이 유일한 기준이어야 한다.

인간이 궁극적인 해탈에 이르려면

백만 년 동안 다시 태어나는 윤회를 거쳐야 한다.

크리야 요가는 인간의 진화를 앞당길 수 있는 최상의 도

구다.

크리야 요가는 호흡으로 척추의 중추를 순환시켜 진화의

과정을 촉진한다.

한 번의 크리야 호흡은 1년의 인생과 맞먹는다.

- 요가난다

국선도 수련의 비밀

내가 국선도를 처음 시작한 시기는 39년 전인 1985년이
다. 1980년대는 우리나라 정신계에 특별한 시기다. 1970년
대 시작된 산업화가 1980년 들어 안정되면서 먹고 사는 문
제가 해결되었고, 드디어 우리나라에도 정신문화가 싹을 틔
우기 시작하면서 스타들이 등장하기 시작했다.

첫 번째 스타는 인도의 오쇼 라즈니쉬다. 그가 쓴 책들이
국내로 쏟아져 들어왔을 때 우리나라의 정신계는 열광했다.
오쇼는 박학다식에다 언변도 좋았고 무엇보다 잘생긴 외모
에 긴 수염까지 갖추어 정신계의 스타로 부족함이 없었다.

두 번째 스타는 파라마한사 요가난다였다. 그의 자서전

『나는 히말라야의 요기였다』는 우리나라에서도 베스트셀러에 올랐다. 그는 히말라야에서 수행한 적이 없었지만, 책의 표지에 등장하는 요가난다는 긴 머리에 누가 봐도 신비한 히말라야의 수행자였다.

"누구든지 경외하는 마음으로 바바지의 이름을 부르면 그 순간에 영적인 축복을 받게 된다." 요가난다의 자서전에는 분명 그렇게 씌어 있었다. 앞 장에서도 말했듯이 나는 이 말을 철석같이 믿었고 히말라야의 살아 있는 화신 바바지께 간절한 기도를 올렸다. 그러나 실망스럽게도 내가 느낄 만한 영적인 축복은 없었다. 어떡하지? 인도를 갈까? 그러나 인도는 너무 멀고 낯설었다. 고민 끝에 우리나라에도 비슷한 요가를 가르치는 곳이 분명히 있을 거라는 생각에 시내 곳곳을 뒤지기 시작했다.

그러나 요가학원은 많았지만 모두 뚱뚱한 아주머니들만 북적거릴 뿐 크리야 요가 같은 고급 요가를 가르치는 곳은 단 한 곳도 없었다. 실망하고 돌아선 내 앞에 '국선도'라는 간판이 눈에 들어왔다. 국선도? 단어의 어감에서 뭔가 국가를 대표하는 듯한 거창함과 비법의 기운이 느껴졌다. 그렇게 나와 국선도의 인연이 시작되었고 지금까지 무려 39년째 이어지고 있다.

지금 생각해도 참 희한한 인연이었다. 그러니까 나는 크리야 요가를 배우러 갔다가 국선도를 배우게 되었다. 그로부터 20년 뒤에는 국선도 때문에 크리야 요가를 배우게 된다. 처음에는 단순한 우연으로 여겼는데 나중에 보니 만나야 하는 운명이었고 내가 세상에 공헌해야 하는 특별한 역할이 이러한 과정에 숨어 있었다. 지금 쓰는 이 책도 내가 해야 하는 역할의 한 부분이다.

　또 하나 특이한 것은 내가 국선도 도장에 갔을 때 이미 스승이 떠나고 없었다는 점이다. 그동안 산중에서 비밀리에 전수되던 국선도를 이 땅에 처음 알리신 분이 바로 청산선사라는 분인데 1967년에 하산해 18년간 국선도를 가르친 뒤 1984년에 다시 산으로 돌아갔다. 그리고 나는 그다음 해인 1985년에 국선도에 입문하게 된다.

　그 뒤 나는 늘 스승들과 직접 대면하는 인연이 없었다. 양익스님도 그렇고 인도의 마하라지도 마찬가지다. 예전에는 매우 아쉬웠지만, 오히려 그 덕분에 나는 좌충우돌하며 여러 비법을 두루 체험하고 익힐 수 있었다. 가난이 최고의 스승인 것처럼 내가 극복해야 하는 과제가 바로 나의 정체성이었고 내가 세상에 이바지해야 하는 역할이었다.

인도에서 오쇼가 들어오기 이전에 국선도는 대한민국에서 거의 유일한 수련법이었다. 청산선사는 우리가 어릴 때부터 전설로만 들었던 도인의 모습 그대로였다. 그는 불 속에서도 타지 않았고 물속에서도 30분을 가볍게 넘겼다. 당시 무술과 명상의 고수 중에 국선도를 거쳐 가지 않은 사람은 거의 없었다. 청련암의 벽화를 그린 무술의 고수 양익스님도 1년 넘게 국선도를 배웠다. 적든 많든 국선도는 많은 수행자에게 영향을 끼쳤다.

그러나 처음 국선도를 배우러 갔을 때 나는 적잖이 실망했다. 도장에는 노인들만 바글거리고 분위기도 어수선했다. 무엇보다 짧은 단발머리를 한 50대 중반쯤의 원장은 날카로운 눈으로 내 아래위를 훑어보며 어디가 아파서 왔냐며 물었다. 아픈 곳이 없다고 하면 그래도 아픈 곳이 있을 거라며 집요하게 물었다. 이유가 있었다. 그곳은 불치병 환자들의 집합소였다.

여든두 살이라는 기골이 장대한 할아버지가 제일 연장자였는데 항상 맨 앞에서 수련했다. 물구나무도 잘 서고 무엇보다 방귀 소리가 엄청나게 컸다. 그는 늘 자신의 큰 방귀 소리를 자랑스러워했다. 처음에는 중풍으로 쓰러져 며느리에게 업혀서 왔는데 불과 3년 만에 물구나무를 설 정도로 말끔하게 회복했다. 도장에서는 자기의 병을 고백하는 게 곧 자기의 소개였다.

　그러나 스물한 살의 나는 정말 아픈 곳이 없었다. 무엇보다 내가 원하는 것은 요가난다처럼 깊은 명상의 세계에서 궁극의 깨달음을 얻는 것이었다. 그래서 나는 실망이 컸다. 가만히 앉아 있지 않고 이런저런 동작을 바꿔가며 하는 수련방법도 영 믿음이 가지 않았다.

　그런데 엄청난 반전이 기다리고 있었다. 수련이 끝나고 버스 정류장까지 걸어가고 있는데 내 발은 걷는 게 아니라 지면을 스치듯이 사뿐사뿐 날아가고 있었다. 어떻게 이런 일이 일어날 수 있을까. 이게 말로만 듣던 축지법이구나. 일단 올림픽에 나가 메달을 휩쓸어 연금부터 확보해 놓고 하고 싶은 걸 하자. 깨달음을 얻으러 갔다가 나는 팔자를 고치게 됐다.

　물론, 내 계획대로 되지는 않았다. 불과 한 번 수련에 그 정도의 진도를 나갔으면 3개월 정도면 하늘을 날아야 하는데 3개월이 지나도 여전히 내 발은 지면에서 떨어지지 않았다. 그리고 20대 초반의 젊은이에게 세상은 날아갈 만큼 재밌는 일이 많았다.

　그러나 30대에 나는 국선도 도장으로 다시 돌아갔다. 이유는 드디어 몸이 아팠기 때문이다. 30대 초반이 되자 급격하게 체력이 떨어졌다. 소주를 두 병 마셔도 말짱하던 몸이

한 병만 마셔도 하늘이 뱅글뱅글 돌았다. 갑작스러운 체력 저하에 더럭 겁이 났다. 그러나 겁을 낼 필요가 없었다. 국선도는 만병통치약이었다.

다시 국선도 도장에 나가 수련을 했더니 불과 3개월 만에 건강이 회복되었다. 건강이 살아나자 다시 나는 국선도 도장에 나가지 않았다. 이렇게 살아가는 동안 망가지는 기간은 점점 짧아지고 회복하는 기간은 길어졌다. 그리고 드디어 2005년, 내 몸은 완전히 망가졌다.

겨울이 아닌데도 열 개의 손가락 끝이 떨어져 나갈 듯 아팠다. 무엇보다 피곤한데 잠을 이루지 못했다. 밤새워 뒤척이다 아침에 일어나면 밤새 흘린 땀으로 이불이 축축해 매일 햇빛에 널어야 했다. 병원에 갔더니 젊은 의사가 한심하다는 듯, 기분 나쁜 웃음을 지으며 내게 말했다. 이 상태로 가면, 곧 죽습니다. 약도 죽어가는 상태를 늦출 뿐 완치는 없습니다. 그렇게 말하며 의사는 내게 약을 한아름 안겨줬다. 술도, 담배도, 고기도, 쌀밥도 안 되고 절대 무리하면 안 되고 이것도 안 되고 저것도 안 됐다.

집으로 돌아와 한아름의 약봉지와 혈당을 재는 기구들을 방바닥에 늘어놓고 가만히 생각해 보니 이건 이미 죽은 거나 다름없었다. 그때 내가 어떻게 했을 것 같은가? 당연히 선택은 국선도였다. 그러나 이번에는 꽤 심각했다. 과연 이번에도 국선도는 나를 회복시킬 수 있을까? 선택의 여지가 없었다. 나는 모든 약을 쓰레기통에 버렸다. 여기서 치료가 되지 않으면 죽자. 살아도 죽은 인생은 살 의미가 없다. 나는 스스로 배수의 진을 쳤다.

쉽게 나을 병이 아니라는 걸 알았기 때문에 나는 죽기 살기로 국선도에 매달렸다. 20년 동안 피웠던 담배도 끊었다. 삼시 세끼를 생식 가루와 채소만 먹었다. 새벽에 일어나면 국선도 도장에 나가 수련을 했고 근무하는 중에도 일이 없으면 몰래 단전호흡을 했다. 퇴근 후에도 집으로 가지 않고 도장에 들러 수련했고 주말이면 산에서 온종일 수련했다.

6개월 뒤, 거짓말처럼 내 몸의 모든 수치는 정상으로 돌아와 있었다. 기적이었다. 그 뒤에도 내 몸의 모든 수치는 더욱 좋아져 거의 20대 수준이 되었다. 믿어지지 않겠지만 매년 종합검사를 받은 병원의 기록을 나는 아직도 보관하고 있다. 내 주위에는 국선도 수련으로 관절염, 심장병, 당뇨병, 심지어 암까지 나은 사례도 있다.

국선도는 체지체능體智體能이다. 머리로 이해하는 수련이 아니라 몸으로 체험하고 체득하는 수련이다. 그렇다고 정신을 배제하는 것은 아니다. 몸을 먼저 좋아지게 하고 그 토대 위에서 정신을 높이는 원리다. 그래서 국선도 수련법은 체계적이고 과학적이다. 나는 미래에 과학이 더 발달해 국선도의 원리가 밝혀지면 국선도가 세계문화유산에 등재될 날이 분명히 올 거라고 믿는다.

그러나 안타깝게도 청산선사께서 지상에 공개한 국선도는 1/3에 불과하다. 국선도는 모두 9단계로 이루어져 있는데 3단계인 정각도 단계까지만 공개되어 있다. 물론 진기단법인 4단계부터 9단계까지에 대한 동작과 설명이 없는 것은 아니다. 그러나 공개된 설명대로 한다고 절대 익힐 수 없다.

기초단계인 3단계까지는 90% 설명하고 10%는 숨겼다. 그러나 고급단계인 4단계 진기단법부터는 10%만 설명하고 90%를 숨겼다. 그러나 3단계까지만 수련하더라도 얼마든지 자신의 명命대로 건강하게 살 수 있다.

– 청산선사

나는 위의 간단한 언급에 국선도의 중요한 핵심이 압축되어 있다고 생각한다. 국선도의 기초단계를 아무리 오래 닦는다고 해도 고급단계인 진기단법 이상의 수련은 불가능하다는 것이다.

책에는 이때부터 수련자가 어떠한 과정을 겪는지, 또 어떤 고비에서 어디에 집중하고 무엇을 조심해야 하는지, 무엇을 먹어야 하고 무엇을 먹지 말아야 하는지에 대한 세부설명이 없다. 털끝만큼만 틀려도 빗나가는데 90%를 모른다면 절대 불가능한데 말이다.

내 경우가 매우 적절한 사례라고 할 수 있다. 나는 병이 낫고 몸이 정상적으로 돌아오자 본격적으로 단전에 기운이 쌓이기 시작했고 기운이 정점에 이르자 쿤달리니가 깨어났다. 꼬리뼈를 망치로 두드리는 듯한 충격이 무려 사흘 동안 이어졌다.

당시에 나는 그게 쿤달리니 현상인지 몰랐고 주위에도 아는 사람이 없었다. 내게 나타나는 현상을 물어보면 사람들은 국선도 책에 나와 있는 대로만 대답했다. 책에 나와 있지 않은 현상을 물어보면 호흡에 집중하지 못했기 때문이라며 그냥 더 호흡에 집중하라고만 한다. 그런데 호흡에 집중하면 할수록 이상한 현상은 더 커졌다. 모른다면 모른다고 해야 하는데 아는 척하며 오히려 네 방법이 잘못되었다고 하니 나는 많은 시간을 허비해야 했다.

이 과정이 길고 힘들었지만 나는 포기하지 않고 끝까지 길을 찾았다. 덕분에 나는 이 과정에서 많은 걸 배웠다. 무엇보다 뭔가 이상하다는 걸 알면서도 핑계 뒤에 숨고 진실을 외면하는 수행자는 반드시 실패한다는 것이다. 나는 다짐했다. 끝까지 가자. 끝까지 진실을 포기하지 말자. 죽어도 좋다. 이 길에 목숨을 걸자. 다 이루지 못하고 죽어도 후회하지 말자. 다음 생에 내가 멈춘 그곳에서 다시 시작하면 된다.

내 다짐이 하늘에 닿았던 것일까. 무려 20년간 까맣게 잊고 있었던 크리야요가가 문득 떠올랐다. 20년 전에 히말라야의 살아 있는 신의 화신 바바지에게 했던 기도가 20년을 훌쩍 넘어 내게 구원의 손길을 내밀었다.

끝까지 가자. 나는 바바지의 제자인 파라마한사 요가난다가 설립한 크리야요가협회의 본부가 있는 미국으로 향했다.

국선도와 크리야요가의 만남

달라이 라마께서 "쿤달리니가 열려야 한다."고 말씀하셨다.
우리나라 불교에는 서산, 사명, 진묵대사 이후 그 맥이 끊어졌다.
쿤달리니는 수행의 방편이다.
부처님의 지혜를 공부하면 부처님처럼 말한다.
그러나, 부처님의 방편을 공부하면 부처님처럼 행行한다.
- 청전스님

내 경험으로 볼 때 국선도는 쿤달리니를 각성시키는 데 최적의 수련법이다. 단계별 호흡법과 우주 음양오행의 원리에 맞춘 동작들은 몸의 병을 고치고 남는 에너지를 꼬리뼈에 모이게 해 쿤달리니를 각성시킨다. 어떻게 이렇게 완벽하고 조화롭고 치밀하게 만들었는지 감탄이 절로 나온다.

먼 고대에 우리 민족은 쿤달리니를 각성시켜 동방의 문화를 선도했던 민족이다. 여러 증거가 있지만 그중 가장 대표적인 게 천부경天符經이다. 국선도 수련법을 핵심만 간추려 81자로 압축하면 바로 천부경이다.

천부경은 천지인天地人 음양오행陰陽伍行의 우주원리에 의

해 밝음을 얻으면 우주의 중심이 된다는 뜻이다. 즉, 꼬리뼈에서 각성된 쿤달리니 에너지를 상승시켜 마음의 어둠을 몰아내고 밝은 본성을 찾아 위로 올라가 앙명인昻明人이 되면 그때 비로소 인간이 하늘과 땅과 하나가 되는 우주의 주인이 된다는 뜻[人中天地一]이다. 김일부 선생의 정역正易도 천부경의 원리에 닿아 있다. 국선도와 정역과 천부경의 공통점은 음양오행의 변화원리다.

국선도의 모든 수련 동작은 음양오행에서 따왔으며, 천부경은 음양오행을 숫자로 표현했고, 정역은 음양오행의 변화원리로 미래를 예측했다. 세계와 우주는 음양오행으로 되어 있고 사람도 마찬가지다. 그리고 우주는 극에 이르면 반드시 되돌아간다. 우리 민족은 우주를 꿰뚫어 보는 지혜와 최고의 쿤달리니 각성법을 개발한 민족이었다.

그러나 아쉽게도 맥은 끊어졌다. 청산선사께서 국선도의 맥을 어렵게 살려 놓으셨지만 쿤달리니가 각성된 이후의 설명은 부족했다. 비법이라 90%를 숨겼기 때문이다. 나도 국선도 수련으로 쿤달리니가 깨어났지만 제대로 안내를 받지 못해 많은 방황과 고통의 시간을 보내야 했다.

그런데 기적처럼 크리야요가를 만났다. 청산선사가 숨겼다는 90%의 비법이 바바지가 전수한 크리야요가에 자세하게 설명되어 있었다. 당시의 내 기쁨이 어느 정도였는지를 설명할 단어는 아직 없다. 한마디로 아침에 도를 들으면 저녁에 죽어도 좋다는 공자님 말씀처럼 나는 이대로 죽어도 상관없다고 생각했다.

그러나 그게 아니었다. 죽어도 상관없다는 건 위험천만한 자만이었다. 내 공부가 거의 끝나가고 있다고 생각했는데 아직 시작도 하기 전이었고 청산선사님 말씀처럼 이제 겨우 도문道門에 들어선 것에 불과했다. 엄청나게 어려운 과정과 더 높고 더 힘든 단계가 기다리고 있었다.《쿤달리니》를 쓴 인도의 수행자 고피 크리슈나도 쿤달리니 각성 이후 완성까지 무려 17년이나 걸렸다고 한다.

보통 국선도를 하는 사람들은 단전에 쌓인 기운이 임독맥을 따라 얌전하게 오르내리는 것으로 생각한다. 또 그렇게 임독맥을 따라 기운이 오르내리다 보면 여러 가지 초능력이 생기고 하늘나라에도 올라가고 대충 그렇게 수련이 끝나는 것으로 생각한다. 그러나 실제의 수련 양상은 너무 달랐다. 오히려 이때부터 훨씬 어렵고 과정이 복잡했다. 한눈을 팔며 방심하거나 조금만 빗나가도 낭떠러지로 떨어진다. 실제로 병신이 되거나 심지어 죽는 경우도 있다.

국선도의 기초단계인 3단계 정각도 단계까지 433개의 동작이다. 좀 많아 보이지만 그래도 책에 그려진 그림대로 충실하게 동작을 따라 하고 정해진 방법대로 단전호흡을 하면 된다. 그러나 진기단법부터는 동작이 몇 개 되지 않는다. 설명도 간단하다. 그러나 문제는 아무리 긴 세월 노력해도 성과가 없는 게 문제다.

무엇이 잘못되었는지 수백 번 책을 읽어봐도 마찬가지다. 무엇보다 본인의 수행이 잘 되고 있는지 안 되고 있는지도 모른다. 제대로 자신의 상태를 점검해주고 조언을 해줄 수 있는 수준의 스승도 없다. 이 단계부터는 체험 없이 이론만으로는 절대 지도할 수 없기 때문이다. 그저 몇 달 또는 몇 년 하다 보면 몸이 갈수록 나빠지고 호흡의 길이도 줄어들게 되면 비로소 문제가 있다는 걸 안다.

사실 이때가 중요하다. 늘 위기는 기회라고 하듯 제대로 수련할 절호의 기회가 찾아온 것이다. 이때 정확하게 무엇이 문제인지, 도대체 진기단법이 어떻게 하는 건지, 깊이 들여다보고, 진실하게 묻고, 점검하며 방법을 찾아야 한다. 그랬기 때문에 나는 극적으로 크리야요가를 만날 수 있었다.

그러나 열에 아홉은 그런 노력을 하지 않고 스스로 진단하고 가능하면 힘들지 않은 방향의 해법을 내린다. 이때의 해법은 거의 비슷하다. 기운이 부족하다거나 제대로 기초를 닦지 않았다는 생각에 원기단법을 다시 하거나 중기 또는 건곤단법으로 돌아간다. 그러다 어느 정도 몸이 회복되었다 싶으면 다시 진기단법에 도전한다. 이런 일들이 보통 5년 또는 10년 주기로 반복되고 두세 번 주기가 지나가면 이삼십 년이 훌쩍 지나간다. 나이도 칠십 또는 팔십을 넘어버린다. 그제야 아, 이번 생에서 나는 안되는 모양이구나 포기한다. 그저 이번 생은 병 없이 건강하게 삶을 마감하고 다음 생에 다시 제대로 해보자는 결심을 한다. 그러나 다음 생에 공부가 이어질지 아무도 보장할 수 없다.

사실 이 단계에서 중요한 건 마음, 즉 심법心法이다. 이때부터 어떤 마음을 가져야 하는지가 매우 중요하다. 흔히들 심전선화心田善化라고 하는데 이것을 그냥 착한 마음만 가지면 되는 거로 생각하면 오산이다. 그리고 무엇보다 내면의 빛과 소리를 완벽하게 이해하고 터득해야 한다.

진기단법부터는 이 빛과 소리를 어떻게 키우고, 유지하고, 활용하는지가 핵심이다. 이때부터 이 단계를 완성한 체험자의 지도가 필요하다. 체험이 없는 스승은 눈먼 스승이나 다름없다. 예수님 말씀처럼 나도 스승도 눈이 멀었다면 둘이 갈 곳은 낭떠러지밖에 없다. 물론 스승이 없이도 전혀 불가능하지는 않다. 단지 시행착오에 따른 위험부담과 오랜 시간이 걸린다.

사실 이 시기를 안내하는 자료는 무수히 많다. 그러나 많은 고서古書를 읽어봐도 정확한 설명이 없고 빙빙 돌리거나 헷갈리게 해 놨다. 흔히 현빈玄牝 또는 현관玄關이라고 하는데 설명은 200가지가 넘는다. 많은 사람이 이 단계에서 길을 잃는다.

흔히 백만분의 일의 확률이라고 한다. 즉 천 명 중의 한 사람만이 수련하고 수련을 하는 천 명 중에 한 사람만이 마지막 단계를 완성한다고 한다. 쿤달리니가 열려 이 길에 들어선 1천 명의 수련자 중에서도 무려 999명이 실패한다고 하니 얼마나 어려운 확률인가.

또, 이 단계를 헛되이 보내면 축적되었던 단전의 기운이 소모되며 마르게 되고 한번 마른 우물은 다시 회복되기 어렵다. 우리나라에는 국선도뿐만 아니라 이런저런 수련으로 쿤달리니가 깨어난 사람이 많았다. 종교는 불교 쪽이 가장 많았고 천주교, 기독교 순이고, 수련단체는 국선도 요가 순이었다.

대부분 자신에게 일어난 변화의 정체를 몰랐고 그저 계속 자신의 종교와 수련법을 유지하면 되는 줄 알고 별 진전도 없이 우물이 마르듯 그 순간이 지나가 버렸다. 쿤달리니는 우주와 연결된 에너지이기 때문에 시간이 지나면 약화하여 사라지고 그렇게 되면 기회는 좀체 다시 오기 어렵다.

나는 2006년에 국선도 수련 중에 쿤달리니가 깨어났고 2년 뒤인 2008년에 크리야 요가를 배웠다. 그리고 2012년에 미국 LA에 있는 자아실현협회SRF를 직접 방문했다.

크리야 요가는 즉흥적으로 세상에 나오지 않았다. 바바지를 비롯한 최상의 경지에 오른 스승들이 인류의 미래를 내다보고 철저한 준비하에 세상에 내보낸 수련법이다. 160년 전 공무원이었던 라히리 마하사야에게 전할 때부터 크리야 요가는 세계무대를 겨냥하고 있었다. 미래에 미국이 세계의 중심국가가 될 걸 알았고 파라마한사 요가난다에게 미리 정규대학의 교육을 받게 했고 영어도 배우게 했다. 서양인들에게 고급요가를 가르치려면 무엇보다 단순하고 과학적이고 합리적이어야 했다.

1920년 요가난다는 미국으로 갔고 1925년 LA에 요가의 본부를 세운다. 2차 세계대전 이후 미국은 세계의 중심국가가 되었고 요가난다의 크리야요가는 세계적인 요가로 성장했다. 지금도 LA 본부에서 1년에 한 번씩 행사가 열리는데 전 세계에서 4천에서 5천 명 가량이 한 자리에 모인다. 이 협회의 크리야요가를 배우려면 사전에 SRF의 기초 레슨을 1년 정도 받아야 한다. 1년 이상 기초를 배우고 나면 미국의 협회에서 전화로 간단한 시험을 친다. 이때 기초를 충실하게 닦았다 싶으면 드디어 위대한 스승 바바지가 전수한 크리야 요가를 배우게 된다.

그런데 나는 1년의 기초과정에서 1년 뒤에 받을 크리야 요가에서 나타나는 현상들이 대부분 나타났다. 바로 국선도 수련으로 쿤달리니가 깨어난 덕분이다. 1년 뒤 크리야 요가에 정식 입문하고 난 뒤에 내 수련은 더욱 단단해졌고 세밀해졌다.

그러나 문제가 없는 것은 아니었다. 크리야 요가에도 설명되지 않은 여러 현상이 계속 일어났다. 그래서 나는 미국행을 결심했다.

미국에 가기 전에 사실 나는 엄청난 기대를 했었다. 세계 곳곳에서 크리야요가를 수련하는 수천 명이 모이는 자리다. 그리고 미국의 본부에는 요가난다로부터 직접 배운 많은 고수가 있을 것이다. 아마 그들 중 몇 명은 발을 땅에 닿지 않고 허공을 날아다닐 것만 같았다.

아, 그러나 그런 사람은 아무도 없었다. 기대가 컸던 만큼 내 실망도 컸다. 나는 늘 사람들에게 이야기한다. 세상에 고

수高手는 아주 귀하다. 정말 너무너무 귀하다. 그러므로 당신이 혹시 고수를 만나면 바짓가랑이를 붙들고 절대 놓지 말아야 한다.

실망은 했지만, 그래도 나는 희망을 버리지 않았다. 어딘가 한두 사람쯤은 고수가 있을 것이다. 나는 어렵게 구한 통역과 함께 무려 이틀이나 기다려 그곳에서 가장 뛰어나다고 알려진 크리야 요가의 고수를 만났다. 이틀이나 기다리며 온갖 무시와 불평등과 자존심 상하는 일들을 많이 겪었다. 그래도 나는 참고 인내했다. 내 질문에 대한 답을 얻을 수 있으면 그따위는 정말 하찮았다.

그러나 막상 어렵게 만난 그는 계속 미안하다는 말만 반복했다. 이틀 동안 나를 기다리게 해서 더 미안하다는 것인지도 몰랐다. 아무튼, 나는 괜찮았다. 나는 내가 가고 있는 길이 잘못되지 않았다는 것을 확인한 것으로 충분했다. 통역해준 사람도 미안해했다. 여태까지 그런 내용을 질문한 사람은 없었다며.

LA에서 한국으로 돌아오는 비행기 안에서 내 기분은 좋지도 나쁘지도 않았다. 그리고 왜 미국에서, 요가난다에게서 직접 배운 그 많은 제자 중에, 뛰어난 사람이 드문 것인지 아무리 생각해도 이해가 되지 않았다. 한국에서도 나보다 훨씬 오래전부터 크리야 요가를 수련했던 사람들을 많이 만났는데 그들도 역시 마찬가지였다. 도대체 이유가 무엇일까. 최고의 비법으로 그렇게 오랜 세월 수련해도 왜 효과가 없는 걸까. 나는 최근에야 정답에 접근할 수 있었다.

요가의 왕이라고 할 만큼 크리야 요가는 해탈에 도달하는 데 매우 효과적이고 빠른 수련법이다. 그러나 기초가 다져지지 않은 사람, 쿤달리니라는 에너지가 각성되지 않은 사람에게는 오히려 효과가 반감되거나 심지어 아무런 효과도 없었다. 그런데 대부분의 크리야 수련자들은 최고의 요가라고 하니 필수의 준비단계인 쿤달리니의 각성 과정을 생략하고 크리야 요가만 고집했다. 결국, 아까운 시간과 노력만 낭비되고 얻는 것은 아무것도 없었다.

크리야 요가에 필요한 기초와 쿤달리니 에너지를 확보하는데 가장 좋은 수련법은 국선도였다. 이것은 그냥 국선도가 우리 선조들이 만든 것이라고 하는 소리가 아니다. 내가 여러 가지 다양한 수련을 직접 해본 경험에서 100% 객관적인 시각에서 내린 결론이다.

크리야 요가의 핵심은 내면의 빛과 소리를 키워서 궁극으로 들어가야 하는데 몸에 병이 있거나 탁기가 많으면 병을 치료하느라 내면의 빛이 축적되지 않는다. 그런데 국선도는 모든 동작이 오장육부를 치료하고 강화하는데 집중되어 있다. 그리고 병이 치유되고 남는 에너지는 꼬리뼈로 모여 쿤달리니 에너지를 각성하게 되고 능력이 극대화된다. 이때부터는 척추 호흡에 특화된 크리야 요가가 더 효과적이다. 국선도와 크리야 요가는 그야말로 환상적인 궁합이라고 할 수 있다.

그러나 안타깝게도 이 둘의 궁합을 활용하는 수련자는 거의 없다. 나는 지난 10여 년 동안 크리야 요가를 하면서 별 효과를 보지 못하는 수행자들에게 국선도를 해보라고 권유를 했지만, 내 말을 듣고 국선도를 수련하는 사람은 없었다. 국선도 수행자도 마찬가지다.

더러는 자신의 스승을 배신한 것 같은 미안함 때문이라고 한다. 그러나 국선도의 청산선사께서도 진기단법 이상의 수행자가 나오면 자신이 직접 지도하든지 아니면 다른 사람이라도 보내겠다는 말씀을 분명히 하셨다. 그 다른 사람이 꼭 국선도의 고수는 아닐 것이다.

막스 밀러는 "하나의 종교만 아는 것은 아무 종교도 모르는 것과 같다"라고 했다. 종교나 수련법의 이름이 중요한 게 아니다. 중요한 건 내가 미약한 인간의 탈을 벗고 궁극의 깨달음을 성취해 신이 되는 것이다. 간판에 집착하고 중요하지 않은 것에 집착해서는 절대 높은 경지에 오를 수 없다. 오죽하면 백만분의 일의 확률이라고 했겠는가. 무슨 일이 있더라도 이번 생에 꼭 궁극의 깨달음을 얻고야 말겠다는 각오로 늘이 길에 최선을 다하고 있는가, 진실한가, 묻고 고삐를 늦추지 말아야 한다.

나에게 국선도는 훌륭한 탑을 쌓기 위해 튼튼한 기단부를 만드는 수련이었다면, 크리야 요가는 그 위에 탑의 몸체를 쌓는 수련이라고 할 수 있다. 청련암의 밀교는 크리야 요가를 더욱 다지는 수련이었고 성과를 확인하는 시간이었다. 그리고 인도의 리시케시 니케탄 요가는 탑의 목적이자 최종결론이라고 할 수 있는 맨 꼭대기 상륜부의 수련이었다.

《혼의 과학Science of Soul》. 책의 제목에서 나는 이미 매료되었다. 영혼에, 종교에, 수련에, 당당하게 과학이라는 단어를 붙일 수 있는 이가 몇이나 있겠는가. 늘 나는 수련이 실체가 있는 리얼Real이라고 주장했다. 실체가 있으므로 개인의 체험을 넘어 모두가 공유할 수 있는 객관의 체험이 가능하고, 실체가 있으므로 합하고, 비교하고, 합리적인 체계의 정립이 가능하다는 것이다. 나는 다시 길을 나섰다.

내가 이 수련에서 성공한 것은
오로지 끝까지 해내겠다는 나의 의지 덕분입니다.

거기서 참고 견디는 인내와,

용기가 나왔던 것입니다.

– 청산선사

과학과 종교의 위대한 만남

우리는 단순하게 감각기관을 만족시키기 위해
이 세상에 태어나지 않았다.
우리는 8단계의 요가행법을 통해 《혼의 과학》을 연구하고
해탈의 경지에 이르기 위해서 태어난 것이다.
이것이야말로 인생의 진실한 의미다.
– 마하라지

 리시케시의 마하라지에게 《혼의 과학》을 전한 분은 히말라야 동굴에서 오로지 수행만 전념했던 성자聖者 아토마난다였다. 그는 티베트 히말라야에서 인도로 넘어와 마하라지에게 자신의 모든 에너지와 지식을 전한 뒤 입적한다.

 자신이 평생 닦은 법과 에너지를 마하라지에게 남김없이 모두 주고 가셨다. 그분에게 엄청난 에너지와 지식을 받지 못했다면 마하라지는 최상의 성취를 이룰 수 없었을 것이다. 그분의 인류애人類愛 덕분에 우리도 이렇게 그분의 귀중한 도움을 받고 있다.

 니케탄 요가 수행법의 핵심은 글자와 말로만 회자하던 영

혼의 세계를 그림으로 표현했고 영혼이 작용하는 원리를 매우 과학적이고 구체적으로 설명한 것이다. 그래서 책의 제목도 영혼의 과학이다.

일반적으로 영혼은 육체 안에 있다고 설명한다. 여기서 깊이 깨달았다고 하는 성인은 한 단계 더 들어간다. 즉, 육체 안에 두 개의 몸이 하나 더 있다고 설명한다. 그러나 마하라지는 여기서 한 단계 더 들어가 네 개의 몸이 더 있다고 설명한다.

그냥 단순하게 주장만으로 그쳤다면 큰 의미가 없었을 것이다. 그러나 마하라지는 인체의 해부도를 그린 것처럼 인간이 가진 다섯 개의 몸을 상세하게 그림으로 그렸고 자세한 설명까지 덧붙였다.

수행자가 오랜 기간 계속 수련의 단계를 높여가다 보면 여러 가지 현상을 체험하게 되는데 이때 체험의 강도가 클수록 잘못 가는 게 아닐까 당황하게 된다. 체험을 가진 높은 스승이 있다면 간단하지만 요즘은 그런 스승이 거의 남아 있지 않다. 책을 봐도 뜬구름 잡는 얘기고 천기누설이라며 감추고 비틀어 오히려 헷갈리게 할 뿐이다.

이런 상황에서 수행자는 한 발짝도 전진하지 못하고 몇 년을 허비한다. 그런데 마하라지는 이런 안타까운 수행자를 위해 마지막 정상까지 가는 지도를 완벽하게 그렸고 숨기거나 비틀지 않고 이해하기 쉽게 현대적이고 과학적인 언어로 설명했다. 수천 년 간 베일에 가려 추측과 사기가 난무하던 깨달음의 세계가 대낮처럼 민낯을 드러냈다. 마하라지로 인해 비로소 과학과 종교가 같은 목적으로 만날 수 있는 시대가 열렸다.

수십 년간 종교를 과학적으로 연구해온 티베트 지도자 달라이 라마는 현대의 양자역학이 불교의 '공空' 이론을 증명했다고 주장한다. 모든 것의 본질은 실체가 없는 공이며 일체의 현상은 모두 마음에서 비롯되었다는 부처님 말씀처럼 양자역학은 마음의 선택으로 물질과 비물질로 나눠진다는 것을 밝혔다.

지금까지 과학과 종교의 사이는 정반대의 세계처럼 멀어 보였다. 과학은 실체만 좇았고 종교는 실체를 초월한 세계만 고집했다. 두 세계의 만남은 영원히 불가능할 것만 같았다. 그런데 최근 양자역학으로 과학은 실체가 없는 마음에 접근할 수 있었고 종교의 세계에 손을 내밀었다. 이제 종교가 답을 해야 하는데 기존처럼 이론이 아닌 실체의 체험이어야 한다.

불교에서 육체는 유한한 허상의 존재이므로 내면에 있는 진짜 나에게 집중하라고 한다. 그러나 물질세계의 집착은 쉽게 끊어지지 않는다. 이유가 뭘까? 바로 내가 직접 눈으로 보고 느끼지 못하기 때문이다. 즉, 가장 중요한 것은 내가 직접 보고 느낄 수 있는 체험이다.

내가 직장을 그만두고 인도행을 결심한 가장 큰 이유도 바로 이 체험 때문이었다. 국선도 수행이 한계에 이르렀을 때 요가난다의 크리야 요가로 문제를 해결할 수 있었다. 그러나 크리야 요가 수행도 10년이 넘어가자 내면에서 또 이상한 변화가 생기기 시작했다. 늘 체험하던 빛이 갑자기 전혀 다른 빛으로 바뀌고 움직이며 그 속에서 엄청난 빛과 에너지가 쏟아졌다.

크리야 요가에서 말하는 빛과 에너지가 아니었기에 물어볼 곳도 확인할 곳도 없었다. 이게 정상적인 변화인지 확신이 없었고 다시 불안해지기 시작했다. 이러지도 저러지도 못하는 진퇴양난에 빠져 있을 때 마하라지의《혼의 과학》을 만났고 다음 한 문장이 나를 구했다.

"진아眞我는 스스로 빛을 발하는 존재다."

즉, 우리가 내면에서 체험하는 빛들은 모두 진아에게서 나온 빛과 에너지다. 스스로 빛을 내는 유일한 존재는 진아眞我 밖에 없으며 그래서 진아를 창조주의 영역인 신이라고 하는 것이다. 비로소 나는 신의 세계에 한 발을 내디뎠다. 마음이나 이론이 아닌 실체와 체험으로.

마하라지는 자세한 설명과 그림으로 이 단계를 설명했다. 덧붙여 이 단계에 오르는 수련법도 친절히 설명했다. 물론 이러한 수련법이 쉽게 숙달될 수 있는 건 아니다. 반드시 요가의 8단계를 거쳐야 하며 단계별 수련을 믿음과 진심으로 열심히 해내야 한다. 나는 그분을 완전히 믿었고 수련의 효과도 진실했다.

이제 종교와 수련도 과학적이고 합리적이어야 한다. 종교적인 교리나 이론이 아닌 오로지 체험의 실체만이 기준이 되어야 한다. 진짜 진실한 종교와 수행은 현재의 내가 반드시 좋아져야 한다. 죽어서 천국을 가는 것이 아니라 지금의 내가 좋아져야 한다. 몸도 건강해지고 마음도 편안해지고 가정도 행복해져야 한다. 몸의 병도 나아야 하고 마음도 착해져야 하고 걱정이나 공포 없이 만족과 행복이 넘쳐야 한다. 이제 종교는 불확실의 그늘에서 걸어 나와 과학의 손을 잡아야 한다.

스승은 나의 브라흐마란드라의 정수리 부분에 조용히 손을 얹었다.

그 순간 나의 눈은 저절로 닫히고 지금까지 경험한 적이 없는 경지에 들어갔다.

신체 전체가 빛으로 밝게 보였고 각 기관의 움직이는 상태
를 비춰주었다.

나는 스승의 발아래 엎드렸고,

내 양쪽 눈에서는 뜨거운 눈물이 흘러내렸다.

나는 이때의 체험을 책≪혼의 과학≫으로 썼다.

– 마하라지

더 깊은 히말라야 속으로 1
–선택

지구라는 학교에서 인간은
선택하고 식별하는 시험을 통과해야만 한다.
신은 인간에게 독립성을 주었으므로,
인간이 신을 선택할 때만 구제할 수 있다.
– 요가난다

서서히 예정된 귀국 날짜가 다가왔다. 막혔던 많은 의문이
풀렸다. 내면의 빛과 소리는 한층 커지고 더욱 안정되었다.
이제는 마음만 먹으면 쉽게 빛과 소리에 접근할 수 있게 되었
다. 도서관에서 찾은 마하라지의 귀중한 자료가 많은 도움이
되었다.

그러나 이 정도로 만족할 수는 없었다. 서두에 밝혔듯이
나는 이번 여행에 많은 걸 걸었고 내 수행의 마지막 꼭대기는
여전히 미완성이었다.

아까운 시간이 물처럼 빠져나가 답답해할 때, 며칠 전 한
국식당에서 만났던 한국인 여행자가 한 장의 사진을 보내왔

다. 높은 곳인데 검은 텐트가 몇 개 보였다. 보통 캠핑용 텐트보다 훨씬 컸다. 깊은 히말라야 쪽으로 올라가다 보면 큰 폭포가 나오는데 폭포를 지나 한참 올라간 곳에 사진처럼 텐트촌이 있단다. 나는 눈이 번쩍 뜨였다.

깊은 명상을 하기에 리시케시는 너무 시끄럽고 내가 머무는 아쉬람에도 취미 삼아 몰려드는 뜨내기 명상객들로 늘 북적거렸다. 나는 조금 더 수련에 집중할 수 있는 고요한 곳이 필요했다. 그래서 늘 더 깊은 히말라야로 들어가고 싶었다. 그러나 무턱대고 갈 수는 없었다. 사진을 보내온 사람에게 카톡으로 질문을 남겼더니 한참 뒤에 답이 왔다.

"글쎄요. 호랑이는 물어보지 못했는데요. 없겠죠, 뭐."
"직접 갔다 온 게 아닌가요?"
"네, 저도 한국식당에서 만난 외국인한테 들은 정보에요."

불과 1년 전에 나는 여기서 10km 아래에 있는 아쉬람에 갔었다. 그곳에서 나는 호랑이가 출몰한 곳이라며 주의하라는 섬뜩한 경고판을 분명히 봤었다. 카톡이 한국을 거쳤다가 오는지 계속 늦게 도착하는 바람에 더는 물어보지 못했다. 하기야 물어봤자 직접 갔다 온 것도 아니니 더 이상의 정보는 없을 것이다. 어쨌든 사람들이 텐트를 치고 수련을 한다는 것은 크게 위험하지 않다는 증거다. 나는 옷장 깊이 넣어둔 배낭을 다시 꺼냈다. 어쩌면 이번 인도여행의 마지막 기회일지도 모른다. 자잘한 위험은 넘어서야 한다.

일단 이틀 정도 머물 채비를 했다. 상황도 모르는데 무턱대고 장기간 머물 수는 없었다. 경험한 분은 잘 알겠지만, 인도와 한국의 환경은 너무나 다르다. 여분의 속옷과 양말을 챙기고 추위를 대비해 두꺼운 옷 한 벌을 배낭에 구겨 넣었다. 최종적으로 출발하기 전에 아쉬람의 사무실에 들러 여러 가지를 한 번 더 확인했다.

그러나 그들도 히말라야 깊숙한 곳까진 가보지 않았기 때문에 정확히는 몰랐다. 호랑이가 예전에는 있었는데 아마 지금은 없을 거라는 정도였다. 원숭이는 확실히 있고 코끼리를 봤다는 사람도 있는데 호랑이를 봤다는 사람은 최근에 없다는 것이다.

인도에는 호랑이나 표범이 민가까지 내려와 사람을 해치는 경우가 많았다. 까짓것 마주치면 한판 붙어도 크게 자신이 없는 건 아니지만 쓸데없는 곳에 신경이 쓰이면 명상에 방해될 것이고 그러면 거기도 집중이 안 되긴 마찬가지다. 교통편을 물으니 버스나 릭샤는 폭포까지 가지 않고 오로지 택시만 가능한데 요금은 오백 루피에서 천 루피 정도니 잘 협상해보란다.

어린 시절의 파라마한사 요가난다가 그랬듯이 눈 덮인 히말라야는 수행자에게 늘 유혹과 동경의 대상이다. 어쩐지 진지한 수행자라면 당연히 그곳에 있어야 할 것 같고 그곳에 가면 모든 수행이 완성될 것 같다. 나 또한 늘 동경했지만, 히말라야가 만만한 곳이 아니라는 것도 알았다. 만만하게 보고 준비 없이 갔다가 많은 사람이 다치거나 목숨을 잃는다. 나도 작년에 해발 4천 미터 히말라야 바드리나트에 갔다가 낭떠러지에서 미끄러져 하마터면 죽을 뻔했다.

오토 릭샤 정류장 옆에는 택시 정류장이 있고 유리로 된 작은 사무실에 택시기사들이 모여 신문을 보거나 잡담을 나누고 있었다. 나는 꼭 볼일이 있는 게 아니라는 듯 유리 벽에 붙여 놓은 포스트와 지도를 보면서 슬금슬금 안으로 들어갔다. 탁자에 앉아 처음부터 나를 지켜보던 사람이 전표를 꺼내며 택시가 필요한지 묻는다. 일단 나는 아니라고 하고는 계속 벽에 붙은 지도를 봤다. 택시기사들도 내가 택시 탈 손님이 아니라고 하자 다시 이야기를 나누거나 신문을 뒤적거렸다.

그중 한 사람만이 여전히 눈을 반짝이며 나를 지켜보더니 작은 목소리로 어디까지 가느냐고 물었다. 나도 작은 목소리로 폭포까지 간다고 했더니 2천 루피란다. 분명 500루피에서 많아도 1000루피면 된다고 했는데 완전 도둑놈이다.

내가 대답도 없이 몸을 돌리자 그가 뒤에서 따라 나오며 얼마에 가기를 원하는지 묻는다. 내가 500루피라고 하자 그는 하늘이 무너지는 표정을 짓더니 그건 편도요금이란다. 나는 어차피 그곳에서 자야 하니 편도면 충분하다고 했다. 그러면 그 먼 곳에서 자기는 빈 차로 와야 한다며 700루피를 달란다. 그러면 나도 됐다는 듯 뒷걸음으로 나왔더니 그가 깊이 한숨을 쉬더니 작은 핸드백을 들고 내 뒤를 따라왔다. 내가 생각해도 많이 컸다. 이렇게 나를 키운 건 인도의 사기꾼들이다. 사람은 늘 고통을 통해 성장한다.

사진에서 봤던 폭포는 예상보다 훨씬 멀고 높은 곳에 있었다. 택시가 안 되면 버스라도 타고 가다가 종점에서 내려 폭포가 있는 곳까지 걸어서 가려고 했는데 땡볕에 오르막이라 꼬박 한나절 거리였다.

가는 길 중간중간 바위들이 굴러떨어져 위험했다. 히말라야는 겨울에 많은 눈이 내리고 영하 40도까지 떨어지기 때문에 봄에 땅이 녹으면 산사태가 나거나 바위들이 굴러떨어져 위험하다. 인도는 배낭여행자의 천국이라고 하지만, 매우 위험한 천국이다.

다행히 기사는 쾌활했다. 이들은 늘 바가지를 씌우려고 최선을 다하지만 실패해도 금방 잊는다. 택시 안에 영어로 된 책이 있어 물었더니 현재 논문을 쓰고 있단다. 역시 머리가 좋은 운전사다. 그러나 오히려 머리가 좋은 친구들이 사기를 잘 치기 때문에 긴장의 끈을 늦추지 말아야 한다.

아직 산길이 더 남았지만, 택시기사는 멈추며 여기까지란다. 둘러보니 다른 택시들도 모두 그곳에 정차해 있다. 아무래도 내려갈 방법이 마땅찮다. 대기하는 택시들은 모두 왕복 비용을 내고 폭포까지 걸어 올라간 손님을 기다리는 차들이었다.

할 수 없이 나는 그에게 왕복 비용을 줄 테니 기다리라고 했다. 그가 곤란한 표정을 지으며 선금을 줘야 기다릴 수 있다고 했지만 내가 말도 안 된다며 그냥 가라고 하자 그는 또 금방 웃으며 그러면 시간 맞춰 잘 내려오란다. 두 시간밖에 시간이 없었다. 그러나 폭포가 멀지 않다고 했으니 충분한 시간이었다.

작은 등산로는 가팔랐지만 금세 기분이 좋아졌다. 요가 니케탄 아쉬람을 창시한 마하라지도 이 부근의 히말라야에서 거의 40년을 보냈다. 15살에 집을 나와 히말라야 수행자가 된 마라하지는 20살에 운 좋게 큰 스승을 만났다. 스승은 하루에 한 끼만 먹게 했는데 쌀과 버터와 소금이 전부였다. 스승은 제자를 위하여 매일 10km 아래에 있는 마을에 내려가 1kg의 쌀과 200g의 버터와 소금을 사 왔다. 그것들을 토기 안에 넣고 끓여 나눠 먹었는데 스승은 아주 조금만 먹었다.

마하라지는 한 달간 특별한 수련을 받게 되는데 가장 빠른 길이라는 스승의 말처럼 7일 간격으로 큰 변화가 왔다. 잠은 6시간만 자게 했고 2시간의 식사와 휴식시간 외에는 모두 학습과 수련이었다.

일주일이 지나자 수련시간을 더 늘렸다. 그렇게 조금씩 수련시간을 늘려 4주 차가 되었을 때는 발을 바꾸지 않은 채 자정부터 정오까지 12시간을 앉아 있게 했고 잠은 4시간만 허락했다. 그런데 놀랍게도 스무 살의 젊은 마하라지는 불과 한 달 만에 12시간 동안 아무것도 느낄 수 없는 삼매를 경험했다. 스승의 말 그대로 가장 빠른 길이었다.

이때 스승이 가르친 수련법이 바로 진언(만트라) 수련이다. 우리가 알고 있는 주문 수련으로 이해해도 큰 차이가 없다. 우리나라에 많이 알려진 만트라(주문)는 '옴마니밧메훔'이다. 비틀즈의 조지 해리슨이 수련한 만트라는 '하레 크리슈나'다. 그는 이 만트라로 노래를 만들어 세계인이 따라 부르게 했다.

스승이 두 명의 젊은이에게 준 만트라는 가야트리 만트라다. 궁금한 사람은 유튜브에 가야트리 만트라Gayatri Mantra를 검색하면 되는데 '옴마니밧메훔'보다 더 많이 쓰이고 알려진 만트라다. 만트라도 앞에 소개한 나다 요가의 일종으로 소리를 통해 깨달음에 이르는 수련법이다.

만트라의 세계를 모르면 인도의 종교와 수행법을 이해할 수 없다. 인도를 방문한 법정스님은 밤마다 사원에서 들려오는 앵앵거리는 소리에 도무지 잠을 이룰 수 없었다고 불평하셨지만, 인도인들은 만트라 수행으로 최고의 경지에 오른 사람들이 많다.

반야심경에 나오는 '아제 아제 바라 아제 바라승 아제 모지 사바하' 천수경에 나오는 '신묘장구대다라니' 등 불교에도 이러한 만트라가 많다. 너무나 당연하다. 석가모니 부처님의 뿌리가 힌두교의 요가이기 때문이다.

그런데 가야트리 만트라도 그렇고 옴마니밧메훔도 그렇고 신묘장구대다라니도 그렇고 아무리 외워도 효과를 보기란 쉽지가 않다. 가끔 만트라를 통해 기적을 체험했거나 소원을 이뤘다는 사람들이 없지 않지만 그게 중요한 게 아니다. 만트라를 통하여 최고의 경지에 오르기가 쉽지 않다는 것이다. 이유는 만트라를 하는 내 몸과 마음이 탁하기 때문이다.

빛과 소리는 매우 정묘한 물질이다. 일반적인 물질보다 훨씬 정묘하다. 이렇게 정묘한 소리로 구성된 만트라를 탁한 마음과 몸으로 아무리 외워본들 큰 효험을 보기 어렵다. 그러나 몸과 마음이 정화된 수행자가 만트라에 집중하면 그들처럼 단 한 달 만에 12시간의 삼매에 들 수 있다.

이 수행법에서 중요한 게 또 있는데 그건 바로 음식이다. 만트라를 가르친 스승은 쌀과 버터와 소금만 들어간 식사를 하루 한 끼만 먹게 했다. 자기가 선택한 스승이 술과 고기와 섹스를 즐기고 돈까지 탐한다면 절대 도가 높은 사람이 아니다. 그저 우매한 중생을 속이는 사기꾼일 뿐이다.

음식을 통제하고 조절하지 못하면 수련은 진보하기 어렵다. 특히 수행자가 과식과 육식을 반복한다면 차라리 수행하지 않는 것보다 못하다. 몸이 더 많이 상하기 때문이다.

얼마간 가파른 히말라야 산길을 따라 오르자 드디어 폭포가 나왔다. 생각보다 폭포가 컸다. 대략 50미터쯤 되는 높이에서 많은 양의 물이 떨어졌다. 폭포 근처에 텐트촌이 있다고 했는데 주위가 가파른 산이라 텐트를 칠 만한 장소가 전혀 아니었다. 나는 할 수 없이 더 올라가 보기로 했다.

폭포를 지나 가쁜 숨을 몰아쉬며 계속 위로 올라가는데 위에서 꼬마 아이가 머리에 자기보다 큰 짐을 지고 가파른 비탈길을 능숙하게 내려왔다. 초등학교 1학년쯤의 나이 같은데 아마 심부름을 하는 모양이다. 내가 대단하다며 엄지를 들어 보이며 파이팅을 외치자 이상하다는 듯 힐끔거리며 지나갔다.

위를 올려다보니 길의 끝쯤에 노란색으로 칠한 작은 신전神殿이 위태롭게 걸려 있다. 겨우 신전이 있는 곳까지 올라가 안을 들여다보니 시바Lord Shiva를 모신 사원이다. 배낭을 뒤져 사탕과 비스킷 두 개를 신에게 바치고 잠깐 정신을 집중했더니 성스러운 기운이 쏟아졌다. 햇살도 부드럽고 어디선가 바람이 불어와 얼굴에 맺힌 땀을 씻었다.

크든 작든 사원이 만들어진 곳에는 모두 나름의 이유가 있다. 특히 인도의 집들과 사원들은 대부분 기운이 좋은 곳에 있는데 그게 꼭 풍수적으로 일치하지 않을 때가 많다. 좌청룡 우백호와 안산案山이 갖춰져 있지 않아도 히말라야는 사원이 있는 곳은 어디나 기운이 좋다. 그래서 그 사원에 참배하고 잠깐만 집중해도 기운이 보충되고 정신적으로 고양된다. 그들의 원칙은 딱 하나다. 절대 계곡에 집을 짓지 않는다. 그들은 아무리 바람이 몰아치는 곳이라도 돌출된 능선에다 집을 짓는다. 여기는 막강한 기운을 자랑하는 히말라야이기 때문이다.

밑에서 볼 땐 작은 신전이 산의 정상인 줄 알았는데 신전에 올라서니 위로 오르막이 끝없이 펼쳐져 있다. 까마득한 오르막의 끝에 두어 개의 집들이 보였다. 아쉬람인지 민가인지 멀리서는 구별이 되지 않았다. 여전히 사진에서 본 텐트촌은 보이지 않고 시계를 보니 벌써 1시간밖에 남지 않았다. 이대로 다시 돌아가기는 아쉽고 계속 가기에도 먼 거리다. 반들반들한 작은 돌 위에 제법 크게 싸놓은 산짐승의 똥이 여기서 노숙하면 위험하다는 경고를 보낸다.

어떻게 해야 하나. 인생은 늘 선택이다. 하나를 선택하면 하나를 포기해야 한다. 투명한 햇살이 산에 사는 작은 정령들처럼 내 주위를 맴돈다. 평화롭다. 지금까지 내가 포기한 것이 무엇이고 내가 얻은 것이 무엇이건 간에 지금 나는 고요하고 평화롭다. 무한정 자유롭다. 아쉬운 것. 하고 싶은 것. 부족한 것도 없다. 세상의 갈등과 틈에서 고요하지 못하면 인생의 평화는 없다. 이대로 시간이 멈춰도 나는 반대하지 않을 것이다.

더 깊은 히말라야 속으로 2
‒수행과 선善

> 비판하지 말라.
> 그리하면 너희가 비판받지 않을 것이요.
> 정죄하지 말라.
> 그리하면 너희가 정죄 받지 않을 것이요.
> 용서하라.
> 그리하면 너희가 용서를 받을 것이다.
> ‒ 예수

이쯤에서 내려가야 하는데, 발은 자꾸 반대 방향으로 움직였다. 에라, 나도 모르겠다. 어떡하든 되겠지. 그냥 발이 움직이는 대로 가보자. 오르막이었지만 경사가 심하지는 않았다. 아담하고 아름다운 길이었다. 작은 수로를 따라 오솔길이 이어졌고 군데군데 이름 모를 꽃들이 피어 아름다움을 더했다.

백두산의 꽃들처럼 히말라야 꽃들도 아담하지만 단단한 특유의 아름다움이 있다. 세상에 아름답지 않은 꽃은 없겠지만 혹독한 환경을 이기고 피는 꽃들은 온실에서 자란 크고 화려한 꽃보다 단아하고 힘이 있다. 온갖 어려움을 극복한 사람도 마찬가지다. 그래서 척박한 히말라야에서 도를 완성한 사람이 더 멀리 향기를 보낼 수 있는지도 모른다.

오솔길 모퉁이를 돌자 숲속에 사원 하나가 나타났지만 불안정해 보여 그냥 지나갔다. 절이나 사원은 자리가 중요하다. 교회도 마찬가지다. 나는 한국의 천년고찰 중에 명당이 아닌 곳에 세워진 걸 보지 못했다. 인걸人傑은 지령地靈이라고 하듯이 사람은 절대 땅의 영향을 벗어날 수 없다.

비탈에 있는 사원을 지나 한참을 더 올라갔다. 형태만 남은 낡은 다리를 건너자 '우디바바UDDIBABA'라고 쓴 입구가 나타났다. 볼품없이 삐뚤삐뚤한 나무를 길 양쪽에 세워 문을 만들었는데 작은 글씨로 팜 캠프 엔 카페FARM CAMPS & CAFE 라고 쓰여 있다. 그렇다면 캠핑이 된다는 뜻이다.

허술한 정문을 지나 모퉁이를 돌자 사진에서 본 것과 비슷한 몇 개의 텐트가 보였다. 드디어 내가 찾던 목적지였다. 좌우를 둘러보니 완벽한 명당이다. 이렇게 높이 올라온 곳에 이렇게 넓고 아늑한 터가 있을 줄이야. 흡사 히말라야 최고 수행지인 바드리나트를 축소해 놓은 것 같다. 수 세기 전에 여기는 분명 수행하는 아쉬람이었으리라.

세어보니 텐트는 정확히 10동이었다. 여섯 명이 다섯 개의 텐트를 쓰고 있고 하나는 주인이 썼다. 마침 가장 좋은 자리에 텐트 하나가 비어 있다. 나는 짜이 한 잔과 야채 샌드위치 1개를 주문하고 고민에 빠졌다.

택시기사와 약속된 시간은 이제 30분밖에 남지 않았다. 내리막길이지만 택시가 기다리는 곳까지 아무리 빨리 가더라도 30분쯤 늦을 것이다. 그러면 뻔뻔한 택시기사는 분명 지체된 시간만큼의 요금을 더 내라고 닦달할 것이다.

그러면 그냥 이곳에 눌러 앉아버릴까. 우디바바에서 만든 샌드위치와 짜이의 맛은 나쁘지 않았다. 탁 트인 전망도 좋았고 햇살도 적당했다. 가장 마음에 드는 건 조용하다는 것이다. 나는 리시케시의 소음을 피해 이곳에 왔다. 이곳은 먼 숲에서 장난치는 새소리가 또렷이 들릴 정도로 고요했다. 이 정도면 한 달쯤 있어도 될 것 같다. 나도 여기서 한 달쯤 있으면 마하라지처럼 12시간의 삼매에 이를 수 있을지도 모른다.

생각보다 훨씬 조건이 좋았다. 하루 숙박에 식사와 특별 간식까지 제공하는데 모두 합쳐 한국 돈으로 이만 오천 원 정도였다. 무엇보다 마음에 드는 건 차량이었다. 택시기사가 자동차는 절대 올라갈 수 없다고 한 곳까지 자동차로 가능하다고 했다. 힘들게 걸어 올라올 필요가 전혀 없었다. 그것도 600루피에. 거리를 생각하면 내가 타고 온 택시비의 절반 값이었다.

그러면 그냥 이곳에 눌러 앉아버릴까. 그러면 택시기사는 몇 시간을 더 기다릴 것이다. 기다리다 밤이 되면 빈 차로 투덜거리며 내려갈 것이다. 퇴근해서 집에 가서도 그는 한동안 기분이 나쁠 것이고 그의 가족들도 한국에서 왔다던 낯선 여행자를 원망할 것이다. 그래도 그가 나를 먼저 속였으니 나도 그를 속일 권리가 있지 않은가. 성경에도 눈에는 눈 이에는 이라며 복수를 강조하지 않았던가.

그러나 나는 내일 다시 오기로 하고 우디바바를 일어섰다.

더 깊은 히말라야 속으로 3
-낯선 곳, 낯선 인연 속으로

진리를 터득하고자 하는 사람은
정직하고 고결하게 선행을 쌓고,
어떤 일이 일어나도 참고 견딜 줄 알아야 한다.
- 마하라지

다음 날 아침. 나는 요가 니케탄 아쉬람 도서관 앞에 있는 작은 공터에서 기다렸다. 우디바바 캠프에서 나를 픽업하기로 한 시간은 오전 10시였다. 그들은 뻔뻔한 택시기사가 절대 못 간다고 했던 산꼭대기까지 나를 데려다주기로 약속했다. 그것도 절반 가격에. 거리와 가격을 생각하면 어제의 택시기사는 내게서 거의 2배를 더 벌어간 셈이다.

어제, 나는 우디바바 캠프에 그대로 눌러앉고 싶었지만, 마음을 고쳐먹고 폭포 아래 택시 정류장으로 내려갔었다. 예정보다 30분이나 늦었지만, 다행히 뻔뻔한 택시기사는 추가 요금까지는 요구하지 않았다.

그래도 나는 그가 반성하기를 바라는 마음에 내일 저 위의 캠프에서 당신이 부른 절반의 가격으로 당신이 절대 못 간다고 했던 산꼭대기까지 나를 픽업하기로 했다며 그를 째려봤다. 그는 내 말에 긍정도 부정도 않고 그저 앞만 보며 조심스레 차를 몰았다. 그건 이미 우리 사이의 대화거리가 아니라는 듯이. 나도 뭐 그러고 말았다. 여기는 한국이 아닌 인도니까. 그가 지체된 만큼의 추가요금을 요구하지 않아 나도 크게 손해 본 기분이 아니었다. 마음이란 것이 참으로 변덕이 심해 믿을 수 없지만, 무엇이든지 가능하게 하는 전지전능한 존재이기도 하다.

나는 혹시나 우디바바 캠프의 픽업 차가 조금 일찍 도착할지도 모른다는 생각에 30분 전인 9시 30분부터 도서관 앞에서 기다렸다. 그러나 픽업 차는 약속한 시각이 지나도 오지 않았다. 사실 인도에서 차가 예정보다 빨리 오는 경우는 거의 없다고 봐야 한다. 오히려 대부분 늦다. 그중에 기차가 제일 늦다. 한두 시간은 예사고 심지어 하루가 늦을 때도 있다. 한국에서 기차가 하루나 늦었다면 아마 손해배상은 물론이고 기차의 유리창도 몇 개쯤 깨졌을 것이다.

나는 아쉬람 도서관 처마 밑 그늘에 쪼그리고 앉아 주차장에 내리붓는 환한 햇살을 보며 초조한 마음을 달랬다. 그때 주방에서 일하는 키 큰 사람이 역시 자기만큼이나 키가 큰 노신사를 배웅하러 나왔다. 도서관 앞의 작은 공터는 아쉬람의 모든 차가 모이고 출발하는 정류장이자 주차장이었다. 그는 키 큰 노신사가 탄 승용차가 멀어질 때까지 한참 동안 바라봤다.

"누굽니까?"

나는 혹시나 좀 전의 그 늙은 노신사가 내가 애타게 찾고 있던 마하라지의 제자일지도 모른다는 생각에서 물었다. 그러나 안타깝게도 방금 사라진 노신사도 마하라지의 숨은 제자가 아니었다. 그는 10년 전에 이곳에서 퇴직한 아쉬람의 총괄 책임자였다.

혹시 그 책임자는 마하라지가 살아 계실 때 있었던 사람이냐고 물었더니 그도 아니란다. 그럼 혹시 이 아쉬람에서 마하라지를 직접 본 사람이 있느냐고 물었더니 아무도 없단다. 이 아쉬람에서 가장 오래된 사람은 바로 자기란다.

그는 무려 30년 전부터 이 아쉬람에서 일하고 있었다. 나는 그를 몰랐지만, 그는 나를 잘 알고 있었다. 이미 아쉬람에 일하는 대부분이 심지어 주방에서도 내 존재를 알고 있었다.

정말 마하라지의 제자가 한 명도 없냐고 물었더니 그는 안타까운 표정으로 고개를 끄덕인다.

혹시 그렇다면 당신이 오래 근무했으니 옛날 마하라지의 제자 중에 한 사람 정도는 알 것 아니냐. 그 제자와 나를 연결해 달라. 그러나 그는 안타까운 표정으로 고개를 저었다.

당신이 마하라지의 제자를 애타게 찾고 있다는 것을 나는 잘 알고 있다. 그건 참 고마운 일이다. 나뿐만 아니라 우리는 모두 당신에게 고맙게 생각한다. 요즘은 아무도 위대한 마하라지의 수련법에 관심이 없다. 만약 내가 알고 있는 마하라지의 제자가 있었다면 나는 벌써 당신에게 소개했을 것이다. 그는 진심으로 미안해하고 고마워했다.

그와 대화를 나누고 있는 사이에 전화가 왔다. 픽업하기로 한 차가 엉뚱한 아쉬람에서 나를 기다리고 있었다. 픽업 기사가 마음이 급하니 영어가 인도말로 바뀌었다. 인도말은 나마스떼밖에 모르는데 어떻게 아쉬람으로 향하는 복잡한 길을 설명할 수 있겠는가. 옆에 있던 그가 내 전화기를 들고 한참을 설명했다. 그가 없었다면 나는 또 한참 우여곡절을 겪었을 것이다. 고마웠다.

키 큰 주방의 직원이 멀어지는 나를 한참 동안 바라봤다. 한국에서 온 낯선 동양인이 35년 동안 아무도 찾지 않았던 그들의 위대한 스승을 불러낸 것이 무한히 고맙다는 듯이.

나를 데리러 온 차는 영어로 스포츠Sports라고 쓴 한국의 현대차였다. 디자인이 한국의 아반떼와 비슷해 친척을 만난 듯 반가웠다. 리시케시의 승용차는 대부분 스즈키라는 일본 차였다. 한국의 현대차를 몰고 온 기사는 30대 중반쯤으로 보였는데 자기가 우디바바 캠프의 사장이란다. 얼굴에 늘 미소가 떠나지 않았고 침착하고 똑똑했다.

그는 히말라야의 좁고 위험한 비포장도로를 미끄러지듯 능숙하게 올라갔다. 앞에서 말 탄 남자가 길을 비켜주지 않아도 클랙슨 한번 누르지 않고 조용히 한참을 따라갔다. 말을 탄 남자도 빨리 길을 비켜주고 싶은데 세 마리의 말 중에 맨 앞에 가는 한 마리가 뒤에 따라오는 승용차를 추월시키지 않겠다고 고집스레 속도를 내고 있었다.

50미터쯤 조용히 따라가니 고집을 부리던 말도 지쳤는지 속도가 떨어졌다. 그때 말 주인이 앞세운 두 마리를 옆으로 비켜주어 차가 겨우 앞으로 빠져나갈 수 있었다. 말 탄 주인이 헐떡이는 말을 가리키며 웃었다. 우리도 웃었다. 양보하고 이해한다면, 우리는 어떤 환경에서든 행복할 수 있다.

길은 점점 고도가 높아졌다. 이제는 리시케시도 갠지스강도 보이지 않았다. 사장은 이곳이 겨울에는 온통 눈으로 뒤

덮여 차량 이동이 어렵단다. 나는 고개를 끄덕이며 다시 한번 이런 척박한 곳에서 무려 40년이나 수행자로 살았던 마하라지를 떠올렸다. 며칠 전에 읽은 그의 자서전에는 히말라야에서 겪었던 일들이 생생하게 기록되어 있다.

그는 히말라야 눈길을 대부분 맨발로 다녔고 어떨 땐 아무것도 먹지 못한 채 한 달 동안 눈에 갇혀 지낸 적도 있었다. 눈이 많이 오면 산에 사는 짐승들도 굶주리긴 마찬가지였다. 히말라야에는 주로 곰이 많았고 가끔 표범도 있었다.

하루는 마하라지가 히말라야 케다르나스라는 곳으로 가다가 중간에 눈이 쌓여 목적지에 도착하기도 전에 캄캄해졌다. 며칠 동안 걷느라 먹을 거라곤 약간의 음식과 차밖에 없었다. 무엇보다 밤을 보내려면 추위와 히말라야의 칼바람을 피해야 했다.

마침 언덕 아래 동굴이 보여 그곳으로 들어갔다. 주위가 이미 어두워진 뒤였기에 동굴 안이 제대로 보이지 않았다. 얼마 전까지 사람이 머문 듯 마른 풀들이 깔려 있고 동굴 내부도 따뜻했다. 마하라지는 너무 피곤한 나머지 곧바로 잠이 들었다.

그런데 한밤중에 자신이 어딘가로 끌려가는 느낌에 잠에서 깼다. 발밑에서 누군가 자신의 옷을 잡아당기고 있었다.

그는 끌려가지 않으려고 버텼으나 힘이 너무 강했다. 그는 캄캄한 어둠 속에서도 맨발에 전해지는 털의 느낌에 야생동물임을 직감했다. 그는 끌려가지 않으려 버티며 주머니에서 성냥을 꺼내 불을 켰는데 불빛에 드러난 짐승은 어마어마하게 큰 곰이었다.

그가 급한 마음에 곰을 향해 성냥불을 던졌고 곰의 가슴팍에 불이 붙었다. 곰이 깜짝 놀라 펄쩍 뛰는 바람에 곰의 머리가 동굴 천장에 세게 부딪쳤다. 그래도 불이 꺼지지 않자 곰은 동굴 밖으로 뛰어가더니 차가운 강물 속으로 뛰어들었다. 그도 동굴 밖으로 뛰어나갔다. 불이 꺼지면 곰이 다시 덤빌 수도 있을 테니까. 그러나 곰은 돌아오지 않았다. 그는 다시 동굴로 돌아왔으나 쉽게 잠들지 못했다.

마하라지는 히말라야에서 유난히 곰과 부딪친 일이 많았다. 하루는 아침에 언덕에서 이를 닦고 있는데 앞의 숲에서 나무들이 흔들렸다. 누구냐고 크게 소리를 치면 흔들림이 멈췄다가 조용해지면 다시 나무가 흔들렸다. 마하라지는 나무들이 흔들리는 쪽으로 제법 큰 돌멩이 하나를 던졌다. 그런데 조금 뒤 큰 수컷 곰 한 마리가 숲에서 뛰어나왔다. 나무의 열매를 따 먹고 있었는데 마하라지가 던진 돌에 맞아 화가 나 있었다.

곰은 마하라지에게 달려들었고, 마하라지도 도망가지 않았다. 이 시절의 마하라지는 젊었고 육체적으로도 강했다. 믿어지지 않겠지만 둘은 한참 동안 싸웠다. 마하라지가 옆에 있던 나무 지팡이로 곰의 가슴팍을 치자 곰은 지팡이를 비켜내며 그의 다리를 잡으려 달려드는 척하다가 마하라지의 머리를 향해 앞발을 휘둘렀다. 그러나 마하라지가 미리 알고 피하며 오히려 주먹으로 곰의 머리를 정통으로 쳤다. 충격을 받은 곰이 뒤로 주춤 물러서는 틈에 지팡이로 곰의 엉덩이를 강하게 밀었다. 지팡이에 밀린 곰이 바위에 세게 부딪쳤다. 크게 충격을 받은 곰이 허둥지둥 달아났다. 그 뒤로 곰은 마하라지를 보면 도망갔다. 며칠 뒤 다른 곰들도 마하라지를 보면 함께 도망갔다. 아마 두들겨 맞은 곰에게 들었던 모양이다.

거짓말 같겠지만 이러한 내용은 마하라지의 자서전에 세세하게 기록되어 있다. 내 열정에 감동한 아쉬람의 책임자가 이미 절판된 30년 전의 낡은 자서전을 내게 주었다. 다른 책들도 많이 주었다. 정말 고마워 인사를 해도 그들은 늘 내게 해줄 수 있는 일은 그것밖에 없다는 듯 미안해했다. 그런데 과연 사람이 곰과 싸워 이길 수 있을까?

국선도를 보급한 청산선사의 일대기에도 비슷한 일화가 나온다. 더군다나 청산선사의 상대는 호랑이였다. 호랑이가 강한지 곰이 강한지 알 수는 없지만, 잠식하는 곰보다는 육식을 하는 호랑이가 훨씬 싸우기가 어려울 것이다.

이 시기에 마하리지는 125,000번의 가야트리 만트라를 완성했다고 한다. 앞에서 밝혔듯이 가야트리 만트라는 마하라지가 스무 살 때 스승에게 배웠던 수련법이다. 비록 실망한 스승은 떠났지만, 마하라지는 40년간 스승이 가르쳐 준 만트라 수행을 계속했다. 그리고 마침내 한 번에 125,000번의 가야트리 만트라를 완성한 것이다.

똑같은 만트라를 며칠씩 하는 것은 크게 힘든 일이 아니다. 그러나 정확히 만트라의 숫자를 세며 하는 것은 보통 어려운 일이 아니다. 1000번을 세기도 어려운데 무려 125,000번을 정확히 세는 것은 거의 불가능하다. 125,000번을 세는 동안 정신이 잠깐이라도 한눈을 팔면 숫자를 건너뛰게 된다. 즉 엄청난 집중력을 장시간 유지해야 가능하다.

집중력이 커지자 삼매의 시간도 차츰 늘어났다. 12시간 지속할 수 있었던 삼매가 무려 12일 동안이나 이어졌다. 무려 12일이다. 이만하면 수행이 충분하게 완성된 게 아닐까. 그러나 마하라지는 스스로 인정하지 않았다. 나이도 벌써 55세가 되었지만, 아직도 그는 부족하다고 느끼고 더 높은 스승을 찾아 더 높은 히말라야로 올라갔다. 정말 그는 절대 자신과 타협하지 않는 지독하게 진실한 수행자였다. 나도 지독하게 진실한 수행자가 되어야 한다. 이게 바로 내가 진짜 배워야 하는 마하라지의 수행법이다.

좁고 위험한 히말라야 산길을 아슬하게 올라간 한국의 현대차는 어떤 남자가 기다리고 있는 능선의 끝에 멈춰 섰다. 기다리던 남자는 짐꾼이었다. 우디바바 캠프의 사장은 나무 그늘에 차를 대며 나보고 짐꾼을 따라가라고 했다. 짐꾼이 부식을 넣은 큰 마대 자루를 메고 능숙하게 앞장을 섰고 그보다 훨씬 작은 배낭을 멘 나는 그의 뒤에서 미끄러질까 조심하며 우디바바 캠프를 향해 내려갔다.

조금 내려가자 외딴집들이 드문드문 보이고 제법 큰 건물이 보여 물었더니 초등학교란다. 이렇게 높은 곳에 학교가 있다니 신기했다. 어떤 학생들은 몇 시간씩 걸어서 이곳까지 온다고 한다. 물론 눈이 많이 오면 못 온다. 마침 소녀 둘이서 무언가를 열심히 외우고 있어 물었더니 시험 기간이란다. 엄지를 세우며 파이팅했더니 무슨 소린가 싶어 빤히 나를 쳐다봤다. 쉬운 영어인데 파이팅을 모르다니.

드디어 우디바바 캠프에 도착했다. 나는 텐트에 짐을 정리해 놓고 잠깐 명상에 들어갔다. 역시 금방 쿤달리니가 열렸고 등 뒤로 많은 에너지가 상승했다. 예상처럼 수행하기 정말 좋은 명당이었다. 히말라야라고 해서 모두 좋은 터는 아니다. 특히 산은 기본적으로 음陰이기 때문에 양기陽氣가 모여 있지 않은 곳에서 명상하면 머리가 아프거나 오히려 건강을 해칠 수 있다.

잠깐 명상에 빠져 있는데 누군가 텐트를 두드렸다. 점심이 준비되었단다. 그러고 보니 배가 고팠다. 텐트촌 중간에 취사장이 있고 그 앞에 낡고 초라한 테이블이 식사하는 곳이다. 나보다 먼저 두 명의 젊은 연인이 테이블을 차지하고 있다. 남자는 금방 샤워를 하고 왔는지 윗옷을 벗은 채 수영복 바지만 입고 있고 여자는 작은 스케치북에 연필로 그림을 그리고 있다.

주방에서 일하는 사람이 수영복 남자에게 씻지 않은 포도 몇 송이를 주고 갔다. 씻었으면 몇 개 얻어먹으려 했더니 남자는 포도를 씻지도 않고 먹었다. 그러면서 나보고 같이 먹잔다. 인도에 먼지가 얼마나 많은데. 노 땡큐다.

그림을 그리고 있던 여자의 이름은 루나 조르지였다. 내게는 어려운 이름이다. 그녀를 보는 순간 나는 르네 젤위거라는 헐리우드 여배우가 떠올랐다. 약간 통통한 얼굴에 어두운 과거에 눌린 듯한 미소까지 거의 똑같았다. 남자는 포도를 먹으며 여자친구에게는 먹어보라는 말을 건네지 않았다. 그녀가 포도를 싫어하는 걸까. 아니면 둘의 관계에 문제가 있나. 아무튼, 뭔가가 있는 것 같다.

놀랍게도 그녀가 그리는 그림은 타로 카드였다. 카드 그림을 거의 똑같이 그릴 정도로 그녀는 그림에 소질이 있었다. 왜 하필 타로를 그리냐 물었더니 타로를 배우는 중이라며 책을 보여준다. 타로를 배우려면 당연히 그림을 그려야 한다는 듯이.

그녀의 나이는 22살이었다. 프랑스 파리에서 왔다. 당연히 나는 그녀가 마음에 들지 않았다. 22살이면 한창 대학에서 공부할 나이인데 남자친구와 밀월여행이라니. 또 인도에 왔으면 요가나 명상을 해야지 이상한 타로점이나 배우면서. 도대체 앞으로 뭐가 되겠다는 건지.

카레 점심을 먹고 커피 한 잔을 마시며 잠시 쉬고 있는데 씻지 않고 포도를 먹었던 남자가 오후에 뭐할 거냐고 묻는다. 뭐하긴. 이곳에서 특별히 할 일이 뭐가 있겠는가. 명상이나 해야지. 자신들은 뒤에 보이는 산꼭대기기까지 올라갈 건데 같이 가잔다. 산꼭대기? 와우. 좋지. 그렇지 않아도 나는 이곳에 올 때부터 텐트촌 뒤에 우뚝 솟아 있는 바위에 올라가 명상을 해볼 생각이었다.

그는 큰 마대 자루 하나를 챙겼다. 바위 위에서 깔고 앉으려나 했는데 저녁에 불 피울 작은 나뭇가지를 주어오기 위해서란다. 자신들은 일주일 동안 매일같이 이 일을 하고 있는데 밤에는 매우 추워져 모닥불을 피운단다. 그가 미숙한 동생을 대하는 친절한 형님처럼 굴며 내 나이를 물었다. 내가 55세라고 하자 그는 깜짝 놀라며 입을 다물었다. 흠. 자네는? 투엔티 에잇(28살). 음. 첫사랑에 실패만 하지 않았어도. 그는 한동안 말이 없다.

잠시 뒤 우리는 묵묵히 뒷산의 정상을 향해 걸었다. 우리는 왜 자꾸 높이 오르려 하는 걸까. 내가 추구하는 진리는 얼마나 높은 곳에 있는 걸까.

타로점과 명리학의 만남

우디바바 캠프 뒷산의 봉우리는 생각보다 기운이 좋지 않았다. 그러나 지금의 봉우리보다 더 높은 봉우리가 있음을 가르쳐 주었다. 그런 면에서 히말라야는 공부하는 사람들을 위한 산이다. 밑에서 보면 분명 저 봉우리가 가장 높을 것 같은데 막상 그 봉우리에 올라서면 그 뒤로 더 높은 봉우리가 또 펼쳐진다.

히말라야는 한 발 한 발, 끝이 어딘지도 모르고 이어지는 수행자의 기나긴 여정 같다. 저기까지만 가볼까. 하고 힘을 내서 올라가면 또 그 뒤로 더 높은 봉우리가 있다. 그래서 또 저기까지만 하고 올라간다. 그렇게 결국 최고의 봉우리까지 오르는 것이다. 밑에서 8천 미터가 다 보인다면 어떻겠는가. 그 까마득한 높이에 질려 미리 포기하고 말 것이다. 천 리 길도 한걸음부터라고 하듯 결국 한 걸음이 모여서 천 리를 가는 것이다. 8천 미터 최고봉도 결국 계단 하나 오르는 것이 모여 도달하는 것이다.

처음부터 도통하겠다고 밤낮없이 앉아서 끙끙 앓는 사람은 금방 지친다. 매일 짧은 시간이라도 명상하고 조금씩 시간을 늘려가다 보면 3시간 앉아 있는 것도 어렵지 않다. 마음에 있는 욕심과 악한 마음을 반성하고 깨끗하게 비우다 보면 저절로 마음이 밝아지고 3시간도 5분처럼 짧게 느껴진다.

수련이 깊어질수록 잠도 줄어들고 식사량도 준다. 이 과정에 웬만한 육체의 병은 저절로 치유되고 몸도 깨끗해지고 가벼워진다. 육체의 병이 물러가면 정신은 더욱 맑아지고 더 또렷해진다. 그렇게 조금씩 가다 보면 어느새 3시간도 5분처럼 짧게 느껴지는데 자기도 몰래 삼매에 들어간 것이다.

내가 봉우리 끝에 앉아 명상하는 동안 22살의 루나는 동쪽 절벽 끝에 앉아 노래를 불렀다. 남자는 서쪽 언덕에 서서 생각에 잠겼다. 아무래도 둘이 싸웠던 모양이다. 여자가 조금 문제가 있어 보인다. 타로점을 배운다며 타로 그림이나 그리고 내가 명상을 하고 있는데 바로 옆에 앉아 노래를 부르다니. 눈치가 없는 건가. 아니면 배움이 부족한 건가. 무슨 노래냐고 물었더니 자기가 만든 곡이란다. 헐. 차라리 유명한 곡이면 덜 거슬릴 텐데. 진상이다. 봉우리에서 내려오며 둘은 또 갈라졌다. 남자와 나는 가파르지만 가까운 길로 내려왔고 루나는 올라왔던 안전한 길로 돌아서 내려왔다. 먼저 내려온 우리는 밑에서 불쏘시개로 쓸 작은 나뭇가지를 주우며 그녀를 기다렸다.

그런데 한참이 지나도 그녀가 내려오지 않았다. 내려오다 미끄러져 떨어졌을까. 미끄러지면 낭떠러진데. 그럴 리는 없을 거라던 남자친구가 불안했던지 그녀를 찾으러 올라갔다. 조금 뒤 둘이 함께 내려왔는데 그녀의 가슴엔 작은 나뭇가지들이 수북이 쌓여 있었다. 마른 나뭇가지를 줍느라 늦었단다. 나는 그녀가 그렇게 나쁘지 않을지도 모른다는 생각이 들었다. 사람을 미리 판단하면 대부분 실수하게 된다.

다음날 다 같이 아침 식사를 마친 뒤 나는 그녀에게 네가 타로점을 쳐주면 나도 네게 한국의 타로점을 쳐주겠다고 제안했다. 물론 한국식 타로점은 존재하지 않는다. 내가 해주겠다는 것은 사주팔자를 감정하는 사주명리학이다.

눈을 반짝이며 흥미를 보이던 그녀는 금방 한숨을 쉬며 고개를 저었다. 자기는 이제 타로점를 배우는 초보이기 때문에 자신이 없단다. 나는 상관없다며 재미 삼아 해보자고 하니 잠깐 고민하던 그녀도 좋다며 일어섰다. 집중을 위해 조용한 곳이 필요하단다.

우리는 외따로 떨어진 장소에 가서 마주 보고 앉았다. 먼저 그녀가 내게 타로점을 해주기로 했다. 그녀는 집중이 필요하니 나보고 눈을 감으라 하고는 자기도 눈을 감았다. 그리고 주문을 외우는 듯 기도를 했다. 5분쯤 뒤에 눈을 뜨라고 하더니 내게 카드를 뽑게 하고는 다시 그 카드를 가져가서 펼치고는 또 기도하고 한 번 더 카드를 뽑으란다. 그녀가 기도하는 동안 얼른 사진을 찍었다. 나중에 사진을 보니 눈을 감은 게 아니라 옅게 눈을 뜨고 있다.

그녀는 매우 진지했다. 소질도 있어 보였다. 문제는 너무 느렸다. 중간중간 책을 봐가며 해석을 하는데 나의 직업에 관한 얘기만으로 30분이 넘게 걸렸다. 얼마나 남았냐고 했더니 앞으로 가족, 친구, 건강 등등 많이 남았고 그게 끝나면 앞으로 일어날 미래에 대해 또 그만큼을 해야 한다고 한다. 이러다간 1박 2일도 모자랄 판이다.

시간이 없으니 그만하면 됐다고 하고는 그녀의 생년월일

과 태어난 시간을 물었다. 22살이라고 했는데 한국 나이로는 23살이었다. 그녀는 메모하겠다는 듯 작은 노트를 펼치고 내 해석을 기다렸다. 그녀가 했던 것처럼 나도 눈을 감고 기도를 하는 척 할까 하다가 그만두었다. 명리학은 점을 치는 게 아니기 때문이다. 예상대로 그녀의 사주는 좋았다. 초년에 고생할 운인데 지금은 모두 지나갔다. 그러나 결정적인 약점이 있었다. 이 큰 약점을 고치지 못하면 그녀의 인생은 성공을 보장할 수 없었다.

지금까지 너무 고생이 많았는데 특히 부모님 때문에 힘들었을 것이라고 했더니 깜짝 놀란다. 잠깐 눈물을 보였던 그녀는 입술을 깨물었다. 그러나 그녀의 고생은 이제 모두 끝났다. 올해부터 너의 모든 고생은 끝나고 네 앞에 좋은 대운이 펼쳐질 거야.

"그러면 이제부터 남자가 많이 생길까요? 혹시 이번 여행에서 새로운 남자를 만날 수 있을까요?"

나는 잠깐 현기증을 느꼈다. 좋은 대운이 왔다는데 남자친구부터 찾는 여자는 처음이었다. 물론 그런 남자도 없었다. 프랑스가 로맨스의 나라라더니 역시 다른가. 지금까지 늘 그녀는 남자친구 운이 없었다고 했다. '늘' 이라면 도대체 언제부터를 말하는 걸까?

지금의 남자친구도 며칠 전부터 갑자기 냉랭해졌다. 이유를 모르겠다. 사실상 헤어진 거나 마찬가지다. 내일 이곳을 떠나면 각자의 길을 간다. 네팔에 가서 히말라야 트레킹을 할 예정이다. 혹시 트레킹 때 남자친구가 생기지 않을까요? 그러면 좋겠는데. 좋은 운이 왔다면서요?

나는 고민에 빠졌다. 그녀의 관심사는 오로지 남자밖에 없다. 남자가 중요한 게 아니야. 그럼 뭐가 중요한데요? 남자친구는 앞으로 얼마든지 만날 수 있을 거야. 그러니까 이번 여행에 만날 수 있다는 거예요? 물론 있지. 그러나 그게 중요한 게 아니라니까. 그럼 뭐가 중요한데요?

너는 꿈이 뭐니? 대학에선 뭘 전공했지? 패션fashion이요. 패션? 그게 너하고 맞아? 적성에 안 맞았어요. 그럼 앞으로 뭘 하고 싶은데? 영화배우요. 그럼 영화배우 해. 그리고 나중에는 영화감독도 하게 될 거야. 그래. 영화 감독하면 잘생긴 남자배우들 많이 만나겠네.

그녀는 똑똑하고 사주도 강한 데다 좋은 운도 와있었다. 그러나 앞에서 얘기했듯이 그녀에겐 결정적인 약점이 있는데 팔자에 남자가 너무 많았다. 많다는 것은 없다는 것과도 통한다. 풍요 속의 빈곤. 그러나 앞으로는 진짜 넘칠 것이다. 쾌락에 빠져 시간 가는 줄 모르고 놀다 보면 남는 것은 후회와 병病뿐이다.

그녀의 복잡한 이성 관계는 모두 부모에게서 물려받은 것이었다. 프랑스는 쉽게 이혼하니까 당연하다고 할 수 있겠지만 그렇게 쉽게 이혼하고 결혼하다 보면 결국 인생은 망가지게 마련이다. 더군다나 자신이 쌓은 업業은 자손에게까지 이어진다. 그녀는 이성 관계도 혼탁한데 도화살桃花殺도 많았다. 영화배우도 괜찮겠지만 그녀의 나이는 이미 23살이라 연기를 시작하기엔 늦은 나이다.

간신히 그녀를 설득했지만 아무래도 그녀는 끝내 이해를 못 한 표정이다. 미래는 정해져 있는 걸까? 여러분의 생각은 어떤가? 철학관에 갔더니 올해 문서가 들어올 운이라고 하더니 과연 맞았는가? 어떤 사람은 맞았다고 하고 어떤 사람은 틀렸다고 한다. 맞았던 사람은 미래가 정해져 있다고 하고 틀렸던 사람은 말짱 거짓말이라고 한다. 무엇이 진실일까?

작년에 아는 친구가 선거에 출마했다. 용하다는 점집 열 군데를 갔는데 열 군데 모두 당선이 된다고 했다. 그는 자기도 신중한 편이라 열 군데 중에 한 군데라도 떨어진다고 했으면 출마를 하지 않았을 것이란다. 그리고 이미 출마하기로 했지만, 그래도 네가 명리학에 능하니 명리학상으로 볼 때는 당선이 되는지 물었다.

그때 나는 그렇게 얘기했다. 미래는 알 수 없다. 신 내린 무당이 과거를 맞추기는 쉽다. 귀신이니까. 그러나 귀신이 내 과거를 맞춘다고 그게 특별한 의미가 있는 것은 아니다. 내 과거는 내가 제일 잘 알고 있으니까, 굳이 무당에게 확인할 필요는 없다.

그런데 대개는 여기서 큰 착각을 한다. 무당이 내 과거를 잘 맞췄으니 내 미래도 잘 맞출 수 있을 거라 착각한다. 그러나, 미래는 전혀 다른 차원의 일이다. 아무리 용한 점쟁이라도 미래를 맞추는 건 어렵다. 거의 불가능하다. 어쩌다 맞추는 때도 있겠지만 그건 꼭 무당이 아니라 일반인도 가능한 확률이다.

그래서 나는 출마를 결심한 그에게 네가 이렇게 행동하면 당선이 될 것이고 만약 이런 것을 제대로 실천하지 않으면 실패할 거라고 충고했다. 그러나 그는 내 말을 귀담아듣지 않았다. 열 명의 점쟁이 말을 믿고 이미 당선이 된 것처럼 굴었다. 결과는 낙선이었다. 안타까운 건 아직도 그는 뭐가 잘못됐는지 모른다는 점이다.

명리학은 통계학이다. 타로처럼 점을 치는 행위가 아니라는 것이다. 명리학은 타고난 생년월일과 태어난 시간을 음양오행으로 나눠서 그것을 사람의 운명에 적용하며 발달한 학문이다. 그렇다면 명리학의 확률은 얼마나 될까? 3년간 뛰어난 스승 밑에서 정통으로 배우고 10년 넘게 현장에서 운명을 감정한 내 경험으로 봤을 때 51% 정도다. 절반을 약간 넘긴 51%. 사실 50%인데 1%는 명리학에 대한 나의 애정이다.

올해로 22살이 된 루나에게 대운이 왔지만, 그녀가 대운을 받아 비상할 가능성은 거의 제로였다. 왜? 그녀는 전혀 준비되지 않았기 때문이다. 여기서 중요한 건 나쁜 일도 마찬가지라는 것이다. 즉, 수학의 공식처럼 좋은 운을 받지 못하는 것과 똑같은 원리를 적용하면 나쁜 운運도 피하는 방법이 나온다. 항상 현실은 양면이다.

사주팔자를 보다 보면 현재 몹시 나쁜 운이 왔는데도 전혀 적용이 안 되는 경우가 있는데 이야기를 나눠보면 늘 그만한 이유가 있다. 대부분 마음이 밝고 긍정적인 사람들이고 돈이나 출세보다는 남을 돕는 일에 더 보람을 느끼는 사람들이었다. 그런 사람들에게 나쁜 운은 대부분 적용되지 않았다.

그러므로 바로 이것이 나쁜 운명을 바꿀 방법이 되는 것이다. 지금 나쁜 운으로 힘들다면 욕심을 버리고 적선積善을 한

다면 어느덧 불행은 멀어지고 행복이 찾아올 것이다. 적선지
가積善之家 필유여경必有餘慶이다.

사실 팔자에서 중요한 건 좋은 운運이 아니라 나쁜 운運이
다. 나쁜 운은 좋은 운으로 통하는 문門이기 때문이다. 좋은
운이 오는 건 순전히 내가 나쁜 운을 잘 극복했기 때문이다.
나쁜 운을 잘 극복하지 못한 사람은 미래에 좋은 운이 오더라
도 좋아지지 않는다. 나쁜 운이 와서 절망한 사람이 이번 생
은 글렀다며 생을 포기해버리면 그대로 게임이 종료되는 것
과 같은 원리다. 그러니까 나쁜 운이 온 사람은 절대 포기하
지 말아야 한다.

또 나쁜 운이 오는 것은 반드시 원인이 있다. 대부분 자기
에게 고쳐야 하는 원인이 있다. 그래서 나쁜 일이 닥쳐도 남
을 원망하거나 탓하지 말고 아주 냉정하게 스스로 돌아보고
반성해야 한다. 스스로 반성하며 내게서 원인을 찾고 그 원인
을 고치면 팔자에 나쁜 운이 남았더라도 좋은 운으로 바뀐다.

그러나 이러한 원리를 짧은 시간에 루나에게 이해시킨다
는 건 불가능했다. 루나에게 앞으로의 계획을 물었다. 이틀
뒤 리시케시를 떠나 네팔에 갈 예정이란다. 네팔에서 히말라
야 트레킹도 할 예정인데 가능하면 남자가 생겼으면 좋겠다

는 희망을 덧붙인다.

"Okay Luna(오케이 루나)."

나는 길게 한숨을 쉬었다. 정 그렇다면 이번에 남자를 만날 방법을 가르쳐주지. 이건 비밀인데 특별히 너한테만 가르쳐 주는 거니까. 절대 다른 사람한테 말하면 안 되는 거야. 드디어 루나가 눈을 반짝이며 관심을 보이기 시작했다.

"매일 새벽에 일찍 일어나 기도를 해. 남자친구가 생기게 해달라고."

"What(뭐야)? 겨우 기도나 하라구?"

"겨우 기도라니. 기도가 얼마나 위대한데. 그리고 기도하기 전에 먼저 감사를 드려야 해."

"Who(누구에게)?"

"우선, 너의 부모님."

"What?(뭐야)? 부모가 나한테 해준 게 뭐가 있다고!"

"남자친구 싫어? 그럼 안 해도 돼."

"Okay(좋아)! 그럼, 부모한테만 하면 돼?"

"아니지. 최소한 열 명은 해야 해."

"열 명을 어떻게 찾아?"

"잘 찾아보면 있을 거야. 너한테 잘해준 사람. 없으면 너한테 못 해준 사람한테도 해. 그게 훨씬 효과가 더 커."

"Are you kidding me now(지금 장난하는 거야)?"

"Just do it now. (일단 그냥 해보라니까)."

루나는 몇 번을 물어보며 꼼꼼하게 메모를 했다. 물론 메모를 한다고 당장 이해하기는 어려울 것이다. 하루만 지나면 까맣게 잊을지도 모른다. 그러나 어느 순간 인생을 살다가 고통스러울 때 메모를 찾아볼 수도 있을 것이다. 그렇게 그녀는 조금씩 이해하며 삶의 진실한 의미를 찾아갈 것이다.

마하라지가 약관의 스무 살 때 만났던 첫 스승도 아마 그랬을 것이다. 식탐을 억제하지 못한다며 불같이 화를 내며 떠났지만, 사실은 일부러 떠날 핑계를 만들었는지도 모른다. 아무리 훌륭한 수련법이라도 몇 달만에 진리를 완성할 수는 없으니까. 그만한 세월이 쌓여야 하고 시행착오를 거듭해야 한다. 마치 끝없이 이어지는 히말라야의 계곡과 봉우리를 넘어야 비로소 정상에 오르는 것처럼.

마하라지는 스승이 떠난 뒤에도 스승이 가르쳐 준 방법대로 꾸준히 노력해 마침내 도를 완성했다. 무려 40년이나 걸려서.

다음날 루나는 산 아래에서 헤어질 남자친구와 함께 우디바바 캠프를 떠났다. 며칠 뒤 그녀는 페이스북으로 연락을 해왔다. 현재 네팔에 있는데 아직도 남자친구를 만나지 못했다며 자신의 미래를 다시 한번 봐달란다. 그녀는 여전히 한 발짝도 전진하지 못하고 있었다.

나는 그녀에게 네팔에서 요가나 명상을 배우지 않을 바엔 차라리 프랑스로 돌아가라고 야단을 쳤다. 그러나 그녀는 히말라야에서 좀 더 기운을 받아야 한다며 그러지 말고 다시 한번 자신의 미래를 봐달라고 졸랐다. 나는 대답을 하지 않았다.

단단한 결심이 없으면, 자신이 타고난 나쁜 팔자를 바꾼다는 건 정말 어렵다. 특히 그것이 인간의 기본욕구인 성욕性慾과 식욕食慾에 연관되어 있을 때는 거의 불가능하다. 그러나 어렵지만 극복하면 나쁜 팔자를 고칠 수 있다. 복권을 사는 것보다야 훨씬 높은 확률이다.

> 쾌락에 대한 집착은 갈망을 낳고,
> 갈망은 화를 낳고,
> 화는 미혹함을 낳고, 올바른 기억을 잃게 만든다.
> 올바른 기억을 잃으면 식별력이 쇠퇴하게 되고,
> 결국 영혼은 죽는다.
> ─바가바드 기타

삭발 미녀 리타의 부탁을 거절하다

높이 오른 수행자도 탐욕과 섹스의 유혹에 점령된다.
– 요가난다

히말라야 우디바바 캠프에서 나보다 더 진지한 수행자는 캐나다에서 온 삭발 미녀 리타였다. 그녀는 어스름 새벽부터 해가 뜨는 동쪽 실개천 옆에 앉아 해가 중천에 떠오를 때까지 몇 시간 동안 꼼짝도 하지 않고 가부좌를 틀고 앉아 명상했다. 자세도 안정되고 좋았다.

수행은 앉는 자세만 봐도 알 수 있다. 우리는 어려서부터 방바닥에 양반다리를 하고 자라 가부좌가 쉽지만, 침대와 의자에서 자란 서양인들은 양반다리도 어렵다. 그런데 리타의 가부좌는 거의 완벽했다. 자세가 저렇게 되기까지 얼마나 많은 고통과 인내의 시간이 흘렀을까. 리타는 점심시간이 지난 뒤에도 개울 옆에 있는 자신의 텐트 안에서 명상을 이어가거나 명상과 관련된 책을 봤다.

왜, 그녀가 삭발했는지 이유는 묻지 않았다. 그녀의 일상에서 삭발의 이유를 충분히 알 수 있을 것 같았다. 그녀는 우디바바 캠프의 텐트를 쓰지 않고 자기가 가져온 작은 텐트에 머물렀다. 아마 경비를 아끼기 위해서일 것이다.

작은 삼각형 파란 텐트 앞에는 반지, 목걸이, 장신구 등을 파란 보자기 위에 펼쳐 놓았다. 코팅된 노란 종이에 동물을 안은 사진이 있고 사진 아래에 수익금의 절반은 인도의 동물보호에 쓰고 있다고 씌어 있다. 인도의 배낭 여행객 중에는 이런 식으로 경비를 마련하며 장기 여행을 하는 친구들이 많다.

나는 시골의 어머니에게 드릴 반지 하나를 골랐는데 생각보다 비쌌다. 그래도 뭐 좋은 일에 쓴다니까 도움을 주고 싶어 한 개를 더 샀다. 텐트 안에 책이 있어 봤더니 놀랍게도 책의 저자가 사라스와티다. 앞에서 몇 차례 언급했듯이 책의 저자는 현재 내가 머무는 아쉬람의 바로 옆 시바난다 아쉬람의 제자다. 그는 나중에 요가 전문인 비하르 대학을 설립했고 한국에도 그 대학을 졸업한 사람들이 제법 있다.

불교에서 말하듯 세상의 만남은 모두 인연이다. 인연 아닌 만남이 없다. 단지 우리가 만남 이면에 얽혀 있는 인연의 내용을 모를 뿐이다. 히말라야 산속에서 만난 그녀와 나는 사라스와티의 책으로 연결되어 있었다.

내가 20년 전 사라스와티의 책을 처음 읽었을 때는 아직 본격적인 수련을 하기 전이라 책의 내용을 이해할 수 없어 팽개쳤었다. 그로부터 10년이 지난 뒤에 나는 국선도 수련으로 쿤달리니를 경험했고 책장 구석에 먼지가 뽀얗게 앉아 있는 그 책을 다시 꺼내 읽었다. 내가 팽개친 그 책은 쿤달리니 각성자에겐 엄청난 보물이었다.

요가를 다룬 많은 책에서 쿤달리니의 중요성에 대해 언급하지만, 그 어떤 곳도 어떤 책도 쿤달리니에 대해 제대로 가르쳐주지 않는다. 그런데 사라스와티가 쓴 책은 쿤달리니에 대해 너무나 자세하게 설명하고 있다.

나는 그 책에서 많은 도움을 받았다. 특히 내 책『당신은 길 잃은 신이다』을 쓸 때 나는 많은 부분에서 그 책을 인용했다. 그리고 그렇게 쓴 책이 인연이 되어 나는 마하라지의 요가를 배우기 위해 리시케시에 왔다. 그런데 바로 그 책을 썼던 사라스와티가 지금 내가 머무는 아쉬람 바로 옆에서 수행했던 분이었다. 그리고 이곳 우디바바 캠프에서 사라스와티의 책을 읽는 한 여인을 만났다. 인도가 얼마나 넓은가. 사람은 또 얼마나 많은가.

그녀가 읽고 있는 사라스와티의 책은 나도 아직 읽어 보지 못한 책이었다. 반가웠다. 그동안 리시케시에 있는 서점을 모조리 뒤졌지만 사라스와티의 책은 찾지 못했었다. 그런데 멀리 캐나다에서 온 리타가 사라스와티가 쓴 책의 영어 번역본을 갖고 왔다. 나는 반대편 한국에서 왔다. 그리고 우리는 지금, 이 순간 히말라야 우디바바 캠프에서 만났다. 우연일까? 혹시 전생에 도반이나 사제관계가 아닐까? 아니면 혹시 부부였을지도 모른다. 갑자기 헐렁한 셔츠 밑으로 리타의 탱탱한 가슴이 눈에 쑥 들어왔다.

리타에게 책의 저자에 대해 잘 아느냐고 물었더니 자신은 모른다며 누군가로부터 받아 읽고 있는데 내용이 너무 어렵단다. 아직 리타가 쿤달리니가 각성하지 않아 체험이 부족했기 때문이다. 진리는 이해가 아니라 체험이고 체득이다. 이게 없으면 진리를 다룬 어떤 책도 정확하게 제대로 이해할 수 없다.

나는 책의 저자가 유명한 책『쿤달리니 탄트라』를 썼고, 지금 나는 그가 공부했던 아쉬람의 바로 옆에 머물고 있다고 하자, 그녀가 내 눈을 한참 들여다봤다. 그녀의 눈이 흔들렸다. 아니다. 그녀의 눈에 비친 내 눈이 흔들렸는지도 모른다. 그녀의 눈 깊은 곳에 아름답고 푸른 은하수가 지나갔다. 그녀는 그 은하수에서 지상으로 떨어진 직녀였다. 그렇다면 나는 견

242

우다.

내 마음이 읽혔던 것일까? 리타는 갑자기 나와 같이 명상을 하고 싶단다. 같이 명상을? 텐트에서 단둘이? 내가 곧바로 대답을 못 하고 망설이자 그녀는 꼭 같이하자며 제발please을 덧붙인다. 제발.

하나님이 이르되,

내가 먹지 말라 명한 그 나무 열매를 네가 먹었느냐?

아담이 이르되,

하나님이 주신 그 여자가 나무 열매를 내게 주므로

내가 먹었나이다.

– 창세기

나는 당황했다. 혹시 그녀가 내게 흑심을 품은 것은 아닐까. 설마, 삭발까지 했는데, 흑심은 오히려 내가 품은 게 아닐까. 풀어진 옷 사이로 보이는 그녀의 봉긋한 젖가슴에 자꾸 눈이 기운다. 모든 걸 버리고 히말라야까지 와서 예쁜 캐나다 여자를 만나 도대체 어쩌겠다는 건가.

아니다. 꼭 그런 것도 아니다. 인도의 성자 라마 크리슈나도 여자와의 섹스를 통한 탄트라 수행으로 궁극의 해탈에 이르렀다. 탄트라는 밀교의 대표적인 비법이다. 또, 내가 이번 생에 그녀를 만나 연인이나 부부의 관계를 맺어 반드시 풀어야 하는 까르마가 있는지도 모른다. 업장이 소멸하지 않으면 해탈할 수 없다고 많은 성자들이 강조하지 않았던가. 이 업장이 소멸하지 않으면 나는 아무리 노력해도 절대 해탈의 경지에 오를 수 없을 것이다.

루즈를 칠하지 않았는데도 살짝 열린 그녀의 입술은 포도처럼 검붉고 도톰했다. 체험이 부족한 그녀를 내가 잘만 가르친다면 그녀는 빠르게 진보할 수 있을 것이다. 그녀가 애원하는 눈빛으로 나의 대답을 갈구했다. Please.

같이 명상을 하자고? 그녀의 텐트는 좁았다. 분명 앉으면 보드라운 맨살이 닿을 것이다. 그녀가 정녕 원하는 것은 그것일까. 아니다. 삭발한 그녀에게서 이브의 유혹은 느껴지지 않았다. 흑심은 내 것이지 그녀의 것이 아니다. 잘 생기고 힘 있고 키도 큰 서양의 젊은 남자들이 얼마나 많은가.

그렇다면, 그녀는 진짜 함께 명상만 하고 싶다는 거다. 그렇군. 그제야 나도 그녀의 의도가 이해되었다. 갑자기 부끄러워졌다. 집요하게 남자만 찾는 프랑스 여자 루나를 그렇게 꾸짖더니 정작 나도 아직 멀었다.

기운을 느끼는 수행자라면 알 것이다. 자기보다 명상의 진도가 빠른 사람과 같은 공간에서 수행하면 훨씬 잘 된다는 것을. 공부 잘하는 사람과 있으면 어쩐지 공부가 잘되는 것과 비슷한 원리다. 이건 단순한 기분 탓일까? 아니다. 그건 바로 의식으로 공유되는 기운氣運 때문이다.

그렇다면, 기氣는 실제로 존재할까? 나는 이런 질문들을 수없이 많이 받는다. 이런 질문이 나오는 이유는 기라고 하는 것이 눈에 보이지 않기 때문이다. 그러나 눈에 보이지 않는다고 해서 존재하지 않는 것은 아니다.

쉽게 설명하면, 기는 바람 같은 것이다. 바람은 눈에 보이지 않지만, 엄연히 존재하고 물리적인 힘을 갖고 있다. 큰 태풍은 집도 날려버릴 만큼 힘이 세다. 그러나 눈으로는 보이지 않는다. 그렇다고 기가 바람과 똑같은 것은 아니다. 바람처럼 공기와 비슷하지만, 공기와는 전혀 다르다.

어떤 점이 다를까? 어떤 사람은 도저히 받아들이기 어렵겠지만, 기가 공기와 가장 크게 다른 점은 기에는 의식意識이 있다는 거다. 기가 사람도 아닌데 어떻게 의식이 있다는 것인지 의아할 것이다. 물론 사람처럼 생각하고 행동하는 그런 의식이 있다는 것은 아니다. 그러나 기에는 분명히 의식이 있다. 그래서 내가 허공에 떠도는 기를 의식적으로 흡입하겠다고 마음으로 끌어당기면 그 기가 호응하여 내 몸으로 실제 들어온다.

어떤 사람은 기운이 들어오는 현상을 염력처럼 내 마음의 힘으로 기를 잡아당긴 것으로 생각한다. 그러나 비슷하지만 약간 다르다. 염력으로 기를 당기는 것이 아니라 의식을 가진 기에 내 생각을 전달해 그 기운을 내게로 오게 하는 것이다.

기가 가지고 있다는 의식은 지적인 성질, 즉 지성知性을 말하는 것이다. 지성은 어떤 것을 인지하는 능력이다. 우리가 공기를 마신다고 지성이 늘어나지는 않는다. 그러나 기를 흡입하면 나의 지적인 능력이 향상된다. 그래서 기를 신이라고도 하고 신에게 속한 것이라고도 한다.

에너지는 눈에 보이지 않지만 분명하게 존재한다. 그리고 에너지는 항상 높은 곳에서 낮은 곳으로 흐른다. 탁한 에너지도 마찬가지다. 그래서 청산선사는 고단계의 수련자는 사람과의 만남에 매우 조심해야 한다고 하셨다. 아무리 수련을 열심히 해서 좋은 기운을 쌓더라도 탁한 사람을 만나면 내 의사와 상관없이 내 좋은 기운이 탁한 사람에게 가버리고 반대로 탁기는 내 몸으로 침투한다. 자연은 항상 나누고 평균을 유지하려는 지적인 본능이 있기 때문이다.

이런 이유에서 나는 캐나다에서 온 삭발미녀 리타가 둘만의 명상을 제안했지만, 쉽게 예스! 라고 답하지 못했다. 그렇다고 그녀가 탁기가 많다거나 내 에너지가 그녀에게 빼앗길까 봐 주저했던 것은 아니다.

요가 니케탄 아쉬람의 창시자 마하라지는 티베트에서 넘어온 300살이 넘은 위대한 스승으로부터 모든 것을 물려받았다. 심지어 위대한 스승이 평생 쌓아온 모든 에너지까지. 40년 동안 이르지 못했던 최상의 단계를 불과 일주일 만에 꿰뚫었다. 위대한 스승은 첫 만남에 모든 걸 물려주는 엄청난 은총을 베풀며 몇 가지 계율을 꼭 지키라며 엄명하셨다.

첫 번째 계율은 "타인을 비난하지 말라"는 것이다. 충분히 공감이 가는 계율이다. 그런데 위대한 스승이 꼭 지키라고 했던 두 번째 계율은 "젊은 여자와 단둘이 조용한 장소에 있지 말라"는 것이다.

보통은 여자를 멀리하라. 또는 이성과의 성관계를 피하라고 하는데, 이 위대한 스승은 젊은 여자와 단둘이 조용한 장소에 있지 말라고 하셨다. 비슷하지만 잘 생각해 보면 조금 다른 이야기다.

젊은 여자와 조용한 방에 단둘이 있으면 어떤 일이 벌어질까. 앞에서 설명했지만, 사람은 보이는 것 외에 기氣라는 것이 존재한다. 남성은 양의 기운이 강하고 여성은 음의 기운이 강하다. 자석의 음양이 가까이 가면 서로 당기는 것처럼, 남녀도 서로 당기는 것이 자연의 본능적인 원리다. 그래서 아무리 이성적으로 성적인 욕구를 자제한다고 하더라도 자연의 본능을 누르기가 쉽지 않다. 그래서 당기는 기운이 왕성한 젊은 여성과는 조용한 장소에 단둘이 있는 것을 피하라고 하신 것이다.

어떤 이는 기운이 넘치면 섹스는 얼마든지 즐겨도 괜찮다고 생각한다. 그러나 천만의 말씀이다. 수행자를 궁극의 진리에 이르게 하는 가장 중요한 재료가 바로 성 에너지Sexual energy다. 왜 하필 성 에너지일까? 이유는 성 에너지가 인간이 가진 기 중에서 가장 강력하고 생명을 창조하는 근원적인 에너지이기 때문이다.

이 성 에너지는 인체의 중심인 성기 부근에 있다. 인도에서는 이 에너지의 형태가 남성의 성기처럼 생겼는데 뱀처럼 세 바퀴 반을 감고 있다고 한다. 바로 쿤달리니가 잠들어 있는 형상이다. 이 강력한 에너지가 깨어나면 기가 척추를 타고 상승하는데 이때 육체와 정신을 정화하면서 머리의 꼭대기까지 올라가면 수행자는 최고의 경지인 해탈을 경험하게 된다. 이것이 진정한 의미의 요가Yoga, 즉 신과의 합일이다.

이 강력한 성 에너지를 깨어나게 하려면 우선 축적을 해야 한다. 낭비하지 말고 차곡차곡 저축해야 한다. 여자를 만나 펑펑 써버리는 수행자에게 해탈은 없다. 더 높은 즐거움을 위해 이성과의 쾌락을 절제하고 노력하는 자만이 천국의 계단을 오르는 기회가 주어진다.

성경에 나오는 아담과 이브의 이야기도 마찬가지다. 아담과 이브의 이야기는 인도의 쿤달리니 이야기와 비슷하다. 아담과 이브와 뱀이 등장하는 것처럼 인도의 쿤달리니는 남녀의 성행위를 뜻하는 시바의 링감과 링감을 세바퀴 반 감고 있는 뱀이 등장한다. 따라서 아담과 이브의 이야기도 쿤달리니의 성 에너지와 연결하면 핵심의 의미가 거의 일치한다. 즉, 아담과 이브가 선악과를 따먹었다는 것은 쾌락의 유혹에 빠져 성 에너지를 섹스에 낭비했다는 것이다. 조금만 참고 노력하면 천국에서 영원한 기쁨을 누리고 살 수 있지만, 대부분 한순간의 쾌락에 소중한 에너지를 모두 소진해 버리고 아까운 생을 마감한다.

어떻게 보면 신은 인간을 상대로 마시멜로 게임을 하는 것 같다. 신은 인간에게 성 에너지와 자유의지를 주었다. 순간의 쾌락을 자제하고 성 에너지를 아끼고 잘 관리하면 인간은 천국에서 영원한 기쁨을 누릴 수 있다. 천국과 지옥을 결정하는 것은 염라대왕이 아니라 신으로부터 자유의지를 받은 바로 자기 자신이다.

15분을 참지 못하고 마시멜로를 먹어버리는 아이처럼, 내일은 모르겠고 오늘만 즐기자는 사람은 결국 병들고 고통 속에 죽는다. 죽을 때 하루만 고통스러워도 평생 즐긴 쾌락은 기억도 나지 않는다. 한순간의 육체적 고통에도 모두 날아갈 정도로 쾌락은 가볍고 의미가 없다. 어쨌든 죽으면 끝이니까 조금만 참으면 되겠지 싶겠지만 죽었다고 해서 끝이 아니다. 마지막 신의 품에 안길 때까지 인간은 끝없이 윤회하며 생로병사生老病死의 고통을 반복해야 한다.

바로 이런 이유에서 나는 캐나다에서 온 삭발 미녀 리타의 요구를 들어줄 수 없었다. 그리고 그건 나뿐만이 아니라 그녀의 수행을 지키기 위한 것이기도 했다. 아쉬워도 우리는 서로를 위해 여기에서 갈라서야 하는 인연이었다. 그러나 이런 긴 설명을 하기에 내 영어 실력은 너무나 짧고 부족했다. 그래도 나는 최대한의 미안함과 성의를 담아 내가 가장 자신 있는 영어 문장으로 표현했다.

"I am sorry, Rita(미안해, 리타)."

그럼에도 불구하고, 사랑하십시오

사람들은 불합리하고,
비논리적이고,
자기중심적입니다.
그럼에도 불구하고, 사랑하십시오.
– 마더 테레사의 기도

우주의 기운氣運은 몇 가지나 될까? 내가 외부에서 오는 기운의 종류가 여러 가지라고 확신하게 된 계기는 인도 캘거타에 있는 테레사 수녀의 '마더 하우스' 때문이다.

당시 나는 캘거타에 있는 요가난다 자아실현협회의 인도 본부인 요고다 사트 상가(YSS)를 방문하고 요가난다의 집과 그가 공부한 스리 유크테스와르 아쉬람을 둘러보고 있었다. 나를 안내한 데이브 메이티는 크리야요가 수행자였고 더운 날에도 늘 요가난다의 두꺼운 자서전을 품에 안고 다니는 열렬한 요가난다의 추종자였다.

어느 날, 그가 주저하며 내게 물었다. 혹시 예수님이나 성모 마리아를 싫어하지 않느냐고. 나는 종교는 간판만 다르지 모두 똑같은 신神을 모시고 있다고 답해 주었다. 그러자 그는 나의 대답을 예상했다는 듯 좋은 곳이 있다며 나를 안내했다. 바로 테레사 수녀의 '마더 하우스Mother house'였다.

테레사 수녀는 워낙 유명한 분이니까 나도 그냥 그 정도로만 알고 있었다. 가난한 사람들을 도운 공로로 노벨평화상까지 받았던 분. 그러나 나는 그분이 이곳 캘거타의 빈민가에서 그러한 일을 했다는 것은 몰랐다.

'마더 하우스'가 있는 곳은 가난하고 지저분한 동네였고 세계적인 명성에 비해 허술하고 자유로웠다. 우리는 아무런 제지도 받지 않고 건물의 입구를 통과했다. 건물 안에는 복도를 따라 테레사 수녀의 사진과 봉사하는 그림들이 걸려 있고 수녀들이 일하는 작은 방들도 마찬가지였다. 어떤 방에는 수녀가 방문객에게 뭔가를 열심히 설명하고 있고, 다른 수녀들도 각자 분주하게 움직였다. 바쁘게 움직이지만 그들의 표정은 늘 잔잔한 미소를 띤 채 평화롭고 확신이 넘쳤다. 웬만큼 수행한 사람도 바쁜 일상에서 저러기가 쉽지 않은데 대단했다.

데이브는 자주 이곳에 와본 듯 수녀들과 눈인사를 나눴다. 익숙하게 안내하는 그를 따라 몇 개의 방과 복도를 지나 약간 큰 홀 안으로 들어갔다. 그를 따라 무심코 들어선 홀 중간에 큰 대리석 석관이 하나 놓여 있었다. 마더 테레사가 잠든 석관이었다. 미처 예상하지 못했던 상황이라 난감했다.

나는 명상을 하는 곳이라 하여 십자가가 있는 강당이나 성모 마리아를 모신 아담한 방을 상상했었다. 그런데 시체가 담긴 석관이라니. 나는 홀의 입구에서 망설였다. 그렇다고 여기까지 와서 다시 뒤돌아나갈 수는 없었다. 일단 나는 테레사 수녀를 모신 석관 옆 긴 나무 의자에 앉았다. 옆에 앉은 데이브는 벌써 눈을 감고 명상에 들어갔다.

나는 누구이든지 간에, 설령 그 사람이 성인으로 추대된 대단한 인물이라 할지라도 죽은 사람을 모신 무덤은 좋아하지 않는다. 좋아하지 않는다기보다는 극단적으로 피한다. 이런 곳에서 명상했다가 머리가 아프거나 배가 아파 고통을 겪은 경험이 많았기 때문이다. 그래서 나는 여느 장소처럼 쉽사리 눈을 감고 명상에 들지 못했다. 나는 명상을 하는 대신 가만히 앉아서 참배하러 오는 사람들을 지켜봤다. 외국인들도 많았고 인도인들도 많았다.

방문객들이 많은 것에 비하면 안정되고 평화로웠다. 홀을 관리하는 수녀들도 바쁘게 움직이지만 대부분 말을 아꼈다. 어떻게 그렇게 빨리 움직이며 고요하고 평화로울 수 있는지 신기했다.

많은 방문객이 시체가 담긴 석관에 머리를 숙이고 이마를 대거나 입을 맞췄다. 신기하게도 참배하는 사람들 대부분이 눈물을 흘렸다. 드디어 이곳에 왔다는 감격일까. 그런데 표정을 자세히 보면 감격해서 우는 눈물이 아니다. 일반적인 슬픔이나 기쁨 때문이 아니라 그런 것과 전혀 상관없는 눈물로 보였다. 예를 들면 차가운 바람이 갑자기 눈에 들어왔을 때 불쑥 흘러내리는 눈물이라고나 할까.

제법 많은 시간이 흘렀다. 그러나 옆에 앉은 데이브는 명상에 빠져 있고 감동 없는 특이한 눈물을 흘려대는 참배객들을 지켜보는 것도 지루해졌다. 나는 할 수 없이 눈을 감았다. 이러다 또 머리가 아프거나 배가 아파 고생하는 게 아닌지 걱정하면서. 그저 시간을 보내야 하니 어쩔 수 없었다.

아, 그런데 눈을 감자 믿기 힘든 놀라운 일이 벌어졌다. 이게 뭘까? 나는 수십 년 명상하며 많은 기운을 체험했었다. 그런데 이런 느낌의 기운은 처음이었다. 눈을 감자 테레사 수녀가 누워있는 대리석 석관에서 따뜻한 물이 내게로 흘러들어왔다. 따뜻한 물의 느낌과 거의 비슷했다. 뭐지? 온풍기를 틀었나? 이렇게 더운 실내에서? 선풍기라면 몰라도 온풍기를 틀었을 리는 절대 없다.

눈을 떴더니 역시 내 쪽으로 불어오는 온풍기 바람은 없었

254

다. 있을 리가 없다. 다시 눈을 감자 또다시 따듯한 물 같이 맑고 부드러운 기운이 석관에서 내가 있는 쪽으로 분명하게 흘러들어 왔다. 아, 그때 문득, 나는 이 기운이 바로 카톨릭에서 이야기하는 성모 마리아, 누구에게나 주는 조건 없는 근본 우주의 어머니로부터 흘러나오는 사랑의 에너지라는 것을 깨달았다.

처음 경험하는 종류가 다른 기운이었다. 나는 오랜 세월 기 수련을 해왔지만, 이처럼 완전히 다른 기운이 이 세상에 존재할 거라는 건 상상도 못 했다. 그리고 그런 생각들에 이어서 갑자기 내 가슴 깊은 곳에서, 아무런 감동이나 마땅한 이유도 없이, 그냥 가슴 깊숙한 곳에서 뭉클한 게 치밀어 올라왔다. 나는 계속 심호흡하며 올라오는 눈물을 삼켜야 했다. 참배객들이 바람이 눈에 들어간 듯 감동 없이 흘리던 바로 그 눈물이었다.

얼마나 시간이 흘렀을까. 눈을 뜨자 석관 위의 성모 마리아가 내게 애틋한 눈을 보내며 속삭였다.

"나는 늘 네 곁에 있다."

겨우 눈을 뜨자, 언제부터 그랬는지, 옆에 앉은 데이브가 무한한 존경의 눈으로 나를 쳐다보고 있었다. 나는 성모 마리아에게, 그리고 테레사 수녀에게도 진심의 감사를 드렸다. 나는 우주에 늘 함께하는 신성한 어머니의 실체를 이곳에서 비로소 체험했다. 이곳을 방문하는 사람들이 왜 눈물을 흘리는지 이해가 되었다.

몇 년 전 '꽃보다 누나'라는 예능프로에 성당을 방문한 두 여배우가 눈물을 흘리는 장면을 봤다. 그 성당은 크로아티아에 있는 자그레브 대성당이었는데 성모의 승천을 기리기 위해 만들어졌다고 한다. 완공된 지 무려 900년이 넘은 오래된 성당이었다.

성당 내부를 둘러보며 아름답다고 감탄하던 두 여배우가 갑자기 눈물을 흘리기 시작했다. 당황한 카메라맨이 왜 갑자기 눈물을 흘리냐고 묻자 자신들도 왜 우는지 모르겠다며 당황해했다. 그저 찬바람이 눈에 들어왔을 때처럼 자신이 허락하거나 동의하지 않았는데 몸에서 그냥 눈물이 밖으로 흘러나온 것이다.

사람이 갑자기 외부의 기운에 의해 깨끗하게 정화될 때 가장 먼저 나타나는 현상이 바로 눈물이다. 성모가 승천한 것을 기념해 만든 자그레브 성당이 진짜 성스러운 성모의 기운으로 가득찼던 것이다.

테레사 수녀는, 돌아가신 지 5년 뒤인 2002년도에 교황청에 의해 복자福者로 인정되었다. 그리고 2016년도에 성인의 반열에 올랐다. 가톨릭에서 성인의 반열에 오르기 위해서는 반드시 기적이 두 번 이상 일어나야 한다. 그것도 대충 일어나서는 안 되고 철저한 검증을 통과해야 할 정도로 분명하고 확실한 기적이어야 한다.

물론, 테레사 수녀는 이 검증을 통과했다. 테레사 수녀가 돌아가신 지 1년 뒤인 1998년 인도 여성 모니카 베르사는 테레사 수녀에게 기도해 위의 종양이 깨끗이 나았다. 또 그로부터 10년 뒤인 2008년 다발성 뇌종양을 앓던 브라질 남성 마르실리우 안드리뉴도 테레사 수녀에게 간절하게 기도한 뒤 완전하게 나았다. 이 두 기적은 가톨릭 교단의 철저한 검증으로 공식 인정되었다.

한편에선, 테레사 수녀에 대한 비판의 목소리도 있다. 그녀가 가난한 사람들을 돕기보다 포교에 더 집중했다거나 그가 생전에 남긴 편지에 신의 존재에 대해 의심을 했다는 것이다. 어떤 사람들은 이 편지를 보고 테레사 수녀도 끝내 신의 존재를 믿지 않았다고 비판한다.

나는 테레사 수녀의 의심과 신앙고백을 이해한다. 테레사 수녀가 일기에서 고백했듯이, 가톨릭이나 기독교같이 신에 대한 기도와 헌신만으로 신을 발견하고 유지하기란 매우 어렵다. 그에 비해 쿤달리니가 각성되면 훨씬 쉽다. 빛과 소리를 이용할 수 있기 때문이다.

기독교는 대표적인 헌신의 박티 요가라 할 수 있다. 나는 예수가 사라진 젊은 날의 기간에 인도에 와서 박티 요가를 배웠다고 확신한다. 물론 불교를 비롯해 많은 수행법도 익혔을 것이다. 그러나 예수 자신이 타고난 성품과 박티 요가가 잘 맞았을 것이고 요가를 모르는 서양인에게 가르치기도 쉬웠을 것이다.

어떤 사람들은 요가 중에서 이 방법이 가장 쉽다고도 한다. 그러나 쉬워 보여도 사실은 이 방법이 가장 어렵다. 그래서 테레사 수녀께서도 신앙고백에서 신을 의심했다. 사람은 일상에 쫓기다 보면 신을 놓치기 쉽다. 그래서 이 방법대로 늘 신을 떠나지 않으려면 언제나 자신을 낮춰야 하고 늘 인간으로서의 자만을 경계하며 오로지 신에게만 집중해야 한다.

테레사 수녀는 자칫하면 멀어지는 신을 잃지 않기 위해 평생을 노력했다. 그녀가 쓴 편지에 나오는 것처럼 그녀 또한 육체를 가진 인간이었기에 조금만 방심해도 신에게서 멀어져 고통스러워했다. 신으로부터 자유의지를 물려받은 인간은 고통과 가난에서 멀어지면 금방 자만에 들떠 신과 멀어진다. 그래서 그녀는 가난과 고통을 덜어주기보다는 신의 포교에 더 치중했을 것이다.

신은 모든 에고ego를 비웠을 때 인간에게 온다. 나를 모두 비워내면 비로소 신의 기운이 우리에게 쏟아져 들어온다. 예수는 항상 인간으로서의 자만을 경계했다. 그는 수없이 많은 기적을 행했지만, 항상 내가 아닌 내 안의 하나님이 하신 일이라며 자신을 낮췄다. 예수도 자만에 떨어지면 평범해지고 신과 멀어지는 것이다.

테레사 수녀가 묻힌 캘거타의 마더하우스도 마찬가지다. 그곳에서 따뜻한 기운이 솟아난다고 하여 그 기운의 주체가 테레사 수녀라고 생각하면 곤란하다. 그 기운을 보내는 주체는 테레사 수녀의 무덤 위를 지키고 있는 성스러운 우주의 어머니 마리아다. 테레사 수녀는 단지 창窓이다.

나를 완전히 비워내고 이 세상 만물을 창조한 하나님과 완전히 하나가 되었을 때 인간은 만물을 창조한 어머니의 마음이 된다. 그것이 바로 나의 에고를 벗어난 해탈이다. 테레사 수녀는 만물을 창조한 성스러운 어머니의 마음으로 가난과 고통 속에 신음하는 사람들을 사랑했다. 우주의 어머니[聖母]는 종교의 간판에 연연하지 않는다.

세상에서 가장 좋은 것을 주면,

당신은 발길로 차일 것입니다.

그럼에도 불구하고,

당신이 가진 것 중에서 가장 좋은 것을 주십시오.

– 마더 테레사의 기도

하늘 옷을 입은 위대한 승리자

불살생을 통해 업을 제어하고 마침내 궁극의 해탈에 이른다.
성자 마하비라는 옷조차 소유물이라는 결론을 내리고
벌거벗은 알몸으로 곧게 선 채로 꼼짝도 하지 않았고,
마침내 완전한 지혜를 얻어 해탈에 도달했다.
– 자이나교 성전

요가 니케탄 아쉬람에서 알게 된 일본인 친구 세이지Seiji
가 페이스북으로 소식을 알려왔다. 여전히 히말라야 우디바
바 캠프에서 머물고 있던 나는 캠프에서 명상하는 사진을 페
이스북으로 그에게 보냈다. 휴대폰이 잘 터지지 않는 인도에
서 페이스북은 최고의 통신수단이다. 그가 스고이! 라며 좋
아했다. 아쉬람에 같이 있었다면 그는 분명 나와 함께 이곳
우디바바 캠프까지 왔을 것이다. 일본인답지 않게 모험심이
넘치는 따듯한 친구였다.

열흘 전, 그는 파키스탄과 가까운 인도의 서쪽 라자스탄으
로 떠났다. 그것도 인도인 친구와 함께 오토바이를 타고. 인도

에서 오토바이를 타다 사고로 죽는 사람이 얼마나 될까? 1년에 교통사고로 죽는 사람이 15만 명이라고 하니 아마 절반 정도인 7만 명쯤 되지 않을까. 1년에 한국의 웬만한 도시의 인구가 오토바이 사고로 불귀의 객이 되고 마는 셈이다. 떠나기 전에 나는 세이지에게 진짜 조심하라고 몇 번이나 당부했고 그는 아직 죽지 않았다며 소식을 알려왔다.

리시케시에서 동아시아인들을 보는 건 드문 일이다. 인도에서 만나는 외국인들의 대부분은 유럽, 미국, 캐나다 등의 서양인이다. 그러나 요가 니케탄 아쉬람에는 일본인들이 많은 편이다. 나는 늘 그들에게 신경이 쓰였다. 한국인에게 일본인은 어디서나 스트레스다. 일본인도 그럴까?

요가 니케탄 아쉬람에 일본인이 많은 이유는 아쉬람을 창시한 마하라지의 제자 중에 기무라는 일본인이 있었고 그가 아쉬람에 기부를 많이 했기 때문이다. 심지어 아쉬람에는 그가 기부한 건물도 있다. 이러니 일본인들은 아쉬람에서 늘 최고의 대접을 받았다. 숙소도 제일 좋고 조용한 곳에 배정을 받았다. 처음엔 몰랐는데 시간이 지나면서 그런 것들이 눈에 밟혀 기분이 좋지 않았다.

그중에 제일 꼴불견인 친구가 바로 페이스북으로 소식을 전해온 세이지라는 친구였다. 젊고 잘 생겼고 요가 자세도 거의 완벽했다. 나도 오랫동안 국선도를 해온 몸이라 유연성에선 뒤지지 않는데 나보다 더 유연했다. 목소리도 좋고 성격도 시원시원해 아쉬람에서 인기 톱이었다. 특히 여성들에게. 나는 가능하면 그에게서 멀찌감치 떨어져 요가를 했다.

그런데 이 친구는 내가 미워하는 줄 모르는지 쉬는 시간이면 내가 머무는 방 바로 앞에까지 와서 요가를 하곤 했다. 물론 그곳에 예쁜 잔디가 깔려 있긴 하다. 그래도 그곳에서 요가를 하는 사람은 드물었다.

그날도 나는 그 꼴을 보기 싫어 잠깐 외출을 했다. 제법 많은 시간을 보내고 돌아왔는데도 여전히 그는 요가 삼매경이다. 그런데 갠지스강을 배경으로 요가를 하는 풍경이 괜찮았다. 나는 나중에 책으로 낼 때 써먹어야겠다고 생각하고 사진을 찍었다. 사진을 찍는 소리에 놀란 그가 일어나 나를 보며 웃었다. 들켰다. 할 수 없이 나는 그에게 사진을 보여주며 너 줄라고 찍었다며 이메일로 보내주겠다고 하니 그가 스고이!를 연발하며 좋아했다.

놀랍게도 그는 요가강사가 아니었다. 심지어 요가를 정식으로 배운 적도 없었다. 그냥 요가 사진을 보고 자세를 똑같이 해봤단다. 자세를 똑같이 했더니 기분이 좋아서 계속하게 되었고 지금은 1년에 한 번씩 이곳 니케탄 아쉬람에 와서 일주일 정도 머물며 요가를 하고 있단다. 그는 원래 동경에서 태어났는데 도쿄사람들이 너무 싫어 도쿄와 가장 멀리 떨어진 오키나와에서 펜션업을 하고 있었다. 나는 그에게 영어로 번역된 내 책 『You're the God who got lost』을 선물했다.

다음 날 아침 요가를 하러 요가 홀에 갔더니 일본인들이 단체로 내게 아는 체를 한다. 아마 세이지가 내가 선물한 책을 보여주며 내 선전을 한 모양이다. 그때부터 우리는 늘 가까이에서 요가를 했다. 아침에 볼 때마다 그는 진정한 존경을 담아서 내게 인사를 했다. 책이 어렵지만 공감되는 부분이 많다며. 아침마다 늘 스트레스를 주던 친구가 갑자기 기분 좋은 존재로 바뀌었다. 무엇이든, 어떤 감정이든, 고정된 실체는 없다. 그래서 석가모니 부처님도 변하지 않는 고정된 본질은 없다며 공空하다고 하셨다.

그런데 좋은 것도 잠시 그가 갑자기 내게 이별을 통보했다. 인도의 서쪽 사막의 땅 라자스탄Rajasthan으로 떠난다는 것이다. 그 위험한 오토바이를 타고. 가는 곳도 하필이면 이슬람 신도로 가득한 라자스탄이다. 우리 언제 또 만날 수 있을까. 아마 없을 것 같다. 인연이란 또 얼마나 부질없고 허망한가. 왜 허망한 것에 유독 인간은 집착할까. 모두 버려야 한다. 집착을 끊어야 한다. 그래야 신과 만날 수 있고, 그래야,

내 실체 없는 허상의 탈을 벗고 해탈할 수 있다.

7년 전. 나는 지금 일본인 세이지가 여행하고 있는 인도의 서쪽 사막 지역인 라자스탄에 갔었다. 비슷한 이름의 파키스탄이라는 나라가 바로 옆에 있으니 인도의 라자스탄은 거의 중동지역이라고 해도 과언이 아니다.

거주민들의 종교도 이슬람이 대부분이었다. 당시는 IS를 비롯해 이슬람 과격단체들의 테러가 많았던지라 위험한 지역이었다. 해가 지고 서서히 어둠이 깔리는 저녁이면 메카를 향해 기도를 올리는 이슬람 신도들의 함성이 삭막한 도심의 허공에 가득 퍼져 퍼지면 공포감에 심장이 쫄깃해졌다.

라자스탄에는 이슬람 신도가 많아 위험하지만 사막의 보석이라 불리는 유명한 '델와라 사원'이 있다. 7년 전에 나는 델리에서 사원이 있다는 아부산Abu-mountaion까지 택시를 타고 갔다. 7시간쯤 걸릴 거라 했지만, 아침 일찍 출발했는데 저녁 9시쯤에야 겨우 도착했다. 무려 14시간이 넘게 걸린 셈이다. 교통과 관련된 인도인들의 말은 절대 믿으면 안 된다. 그들은 2시간쯤 남아도 몇 분 남았냐고 물으면 항상 15분 남았다고 한다. 2시간을 간 뒤 다시 물어도 태연하게 15분이다.

자이나교Jainism 최고의 성지로 꼽히는 델와라 사원이 있는 아부산은 인도의 세도나라고 할 정도로 영적인 기운이 강한 곳이다. 사막 한가운데 바위로 된 산이 모래사장의 보석처럼 솟아 있다. 해발 1,200미터로 그리 높지 않은데 무려 80여 개의 크고 작은 사원이 모여 있다.

산의 정상에는 백두산처럼 넓은 분지로 되어 있고 작은 봉우리들이 분지를 보호하듯 감싸고 있는데 그 한복판에 델와라 사원이 있다. 아부산에서 가장 좋은 명당자리에 정확히 자이나교 사원이 자리한 셈이다. 사원은 네 개의 건물을 따로 지어 하나로 연결했는데 모두 하얀 대리석으로 되어 있다. 2,500명의 인부가 지었는데 무려 15년이나 걸렸다고 한다.

그런데 이 사원이 아름다운 이유가 재밌다. 하루에 긁어낸 돌가루의 양을 보고 품삯을 줬기 때문에 인부들이 조금이라도 더 많은 돈을 벌기 위해 가능한 많은 돌을 긁어 내다보니 사원이 더 정교해지고 더 아름답게 됐단다. 기발하다고 해야 할까. 자이나교답다고 해야 할까.

그러나 유명한 사원이라지만 사원의 입구가 너무 허접하고 주변의 집들도 지저분해 이곳이 자이나교 최고의 사원이라는 말이 믿어지지 않았다. 더구나 입구에서 사원을 지키는 경비원들이 어찌나 강압적이고 유난스러운지 신발은 그렇다 치고 핸드폰까지 뺏는 바람에 기분이 상해 들어가지 말까, 몇 번이나 마음이 흔들렸다.

가까이 있어도 평생 이해 못 할 나라인 일본처럼, 아무리 봐도 이해 못 할 종교가 바로 자이나교다. 석가모니 부처님은 6년 동안 자이나교의 고행을 경험한 뒤에 이건 답이 아니라고 뛰쳐나와 시원하게 우유 한잔을 드시고 몸을 회복해 새벽처럼 밝은 마음이 되었을 때 내면에 빛나는 별이 뜨며 중도中道를 깨쳤다. 이후 석가모니 부처님은 많은 경전에서 자이나교의 고행이 어리석다고 비판하셨다. 부처님 당시에는 자이나교가 불교보다 훨씬 교세가 컸다.

3천 년이 지난 지금은 겨우 명맥만 유지하고 있는데 이곳 아부산의 델와라Delwara가 대표적인 자이나교 사원이다. 엄격한 고행의 종교답게 사원의 입구에는 생리 중인 여자는 들어올 수 없다는 경고문이 붙어 있고 남자와 여자가 따로 줄을 서야 한다.

신발과 핸드폰을 맡긴 관람객들이 30명쯤 모이면 안내자가 일행을 끌고 갔다. 인솔자가 귀가 아플 정도로 떠드는데 힌디어라 한마디도 알아들을 수가 없다. 외국인 관광객도 거의 없다. 남자의 목소리는 카랑카랑했고 때로는 관광객들이 웃음과 박수를 보내는 것으로 보아 안내인의 입담이 괜찮은 모양이었다. 서로 앞에서 보겠다고 호들갑을 떨어대는 바람에 나는 관람객들의 뒤에서 멀찌감치 따라갔다.

그런데 아무런 기대도 없이 입구의 낡고 좁은 모퉁이를 돌았는데 깜짝 놀랄 세상이 펼쳐졌다. 델와라 사원은 밖에서 보기에는 허접하기 이를 데 없다. 그러나 내부로 들어가면 모두 놀라 입을 다물지 못한다. 그 정도로 정교하고 아름답다. 나는 지금까지 이 사원보다 정교하고 아름다운 사원을 보지 못했다. 카메라를 뺏기는 바람에 사진을 찍을 수 없음이 너무 안타까웠다. 인터넷에 검색하면 일본인 건축가 가미야 다케오가 찍은 아름다운 사진들이 있으니 꼭 보시기 바란다.

사원은 총 네 개의 건물로 되어 있는데 각각 네 분의 자이나교 신을 모셨다. 마침 사원의 승려 둘이 마스크를 낀 채 신에게 공양물을 바치고 청소를 하고 있었다. 다행히 그들은 마스크를 했지만 흰옷을 걸치고 있었다. 남쪽 인도에 가면 길에 실오라기 하나 걸치지 않고 완전한 나체로 큰 먼지떨이 하나만 들고 맨발로 걸어가는 사람들이 있는데 그들이 바로 자이나교 승려들이다.

아무것도 걸치지 않겠다는 것은 아무것도 소유하지 않겠다는 강력한 의사표시다. 유일하게 갖고 다니는 먼지떨이 털채는 눈에 잘 보이지 않는 아주 작은 생명도 죽이지 않기 위해서다. 앉기 전에 그들은 자리에 혹시나 아주 작은 생명체라도 죽일까 봐 털채로 꼼꼼히 털어 내고 앉는다.

자이나교는 두 개의 파가 있는데 하얀 옷을 입는 백의파白衣波가 있고 아무것도 걸치지 않는 공의파公依波가 있다. 공의파를 일컬어 하늘 옷을 입은 사람이라고 한다.

아무리 살생을 금하고 무소유를 지향하더라도 굳이 이렇게까지 해야 하나 싶다. 한 술만 더 뜨면 괜찮을 텐데 세 숟가락쯤 더 뜨다 보니 자이나교가 일반인들에게 도저히 이해되지 못하는 종교가 되었다.

그런데 어떻게 이런 한심한 종교가 3천 년이나 이어져 올 수 있었을까. 또 어떻게 최고로 아름다운 사원을 만들었을까. 돈도 엄청나게 많이 들 텐데. 아무리 생각해도 이해가 되지 않는다. 그렇다면, 뭔가 내가 모르는 다른 이유가 있지 않을까. 그렇게 생각하며 두 번째 신을 모신 건물로 갔다. 거기서 나는 신전 입구 양쪽에 신전을 지키고 서 있는 두 명의 수호신을 보고 깜짝 놀랐다.

두 수호신 모두 바닥에서부터 큰 뱀이 다리를 칭칭 감고 허리까지 올라와 있었는데 나는 그 장면을 전날의 꿈속에서 분명하게 봤었다. 그리고 이곳에 오기 전에 사원 근처에 있는 엄청나게 큰 호수에 들렀는데 그곳에서도 꿈에 본 것과 비슷한 두 마리의 뱀을 보았다.

길에서 파는 망고주스를 마시며 호수를 구경하고 있는데 검은 뱀 한 마리가 물 위에 둥둥 떠 있었다. 신기하다며 보고 있는데 이번엔 흰 뱀 한 마리가 헤엄쳐 왔다. 그리고 몇 시간 뒤 델와라 사원에서 신전을 지키고 있는 두 마리의 뱀을 또 보게 된 것이다.

꿈과 호수와 사원까지. 무려 세 번이나 두 마리의 뱀을 만났다. 뭐지? 그때였다. 생각을 정리하고 있는 사이 갑자기 발바닥에서 뱀이 휘감고 올라오는 것처럼 강력한 기운이 허리를 타고 번개처럼 올라왔다.

나는 눈을 감고 두 손을 모아 합장하고 허리를 타고 올라오는 기운에 집중했다. 나는 산 전체가 화강암으로 덮여 있는 중국의 화산을 비롯하여 기운이 좋다는 국내외의 많은 명당을 답사하고 또 그곳에서 수련했는데 기운은 이곳이 단연 으뜸이었다. 내 몸의 모든 더러운 업장과 탁한 기운을 모두 태울 정도의 강력한 전기電氣가 내 몸 전체에 퍼졌다. 세상에나. 어찌하여 이런 곳에서 이런 은총을 내게 주시는 걸까. 별로 좋아하지도 않고 알지도 못하는 종교인데.

5분쯤 그렇게 서 있으니 저쪽에서 빨리 오지 않는다고 호각을 빽빽 불어댔다. 그러거나 말거나 나는 기운에 집중했다. 내가 또 언제 이곳에 다시 올 수 있겠는가. 안내인도 귀찮은

지 가버렸다. 신전神殿에는 달랑 나만 혼자 남았다. 이 먼 타국 인도의 사막에서 나는 혼자였다. 아니다. 사실 나는 우주와 함께였다.

나는 나의 모든 더러운 업장들이 신성한 불꽃에 종이처럼 타버린 뒤 까만 재가 되어 허공에 사라지는 장면을 또렷이 영상으로 보았다. 그것은 갑자기 찾아온 은총이었다. 난데없는 은총에 갑자기 자이나교 사원과 자이나교 자체를 무시한 내가 미안해졌다. 지금, 이 글은 나의 작은 보답이다.

자이나교의 핵심목표는 놀랍게도 해탈이다. 이해 못 할 마스크에 이상한 먼지떨이를 들고 완전한 나체로 다니며 세상으로부터 온갖 손가락질을 받지만 놀랍게도 그들의 목표는 품위 있는 종교라고 알려진 불교와 똑같은 해탈이었다.

영혼의 해탈을 얻으려면 나쁜 업을 완전히 소멸해야 하는 것도 불교와 비슷했다. 단, 불교는 지혜를 통하여 업장을 소멸하는데 자이나교는 모든 생명의 존재를 존중하고 죽이지 않음으로써 나의 나쁜 업장을 소멸하고 해탈에 이른다. 한없이 답답해 보이지만, 어찌 생각하면 이보다 더 착한 종교가 또 있을까 싶다.

그래서 불교는 지혜를 상징하는 부처님의 머리 꼭대기에 볼록 튀어나온 육계肉髻가 있지만 자이나교는 평화와 사랑을 상징하는 가슴 한가운데 볼록 튀어나온 육계가 있다. 자기 외의 모든 다른 생명에 대한 사랑과 존중의 표시다. 이런 사상을 흔히 아힘사ahimsā라고 한다. 비폭력 무저항의 독립운동을 이끌었던 마하트마 간디가 바로 자이나교의 아힘사에서 영향을 받았다고 한다. 손가락질을 받는 종교가 인도의 영혼을 깨웠고 결국 나라까지 되찾았다.

인간의 영혼이 완전한 해탈을 얻기 위해서는 그 어떤 것도 소유하지 않아야 한다. 그래서 그들은 옷조차도 입는 걸 거부하고 완전한 나체로 다닌다. 또 그들은 소유욕을 일으키지 않기 위해 절대 한곳에 오래 머물지 않는다. 화려한 자이나교 사원이지만 사원에 거주하는 승려는 없다. 무소유를 실천하기 위해 옷도 입지 않는데 화려한 사원을 소유한다는 것은 있을 수 없는 일이기 때문이다. 그래서 자이나교 사원의 진짜 주인은 신이다. 세계에서 신이 주인인 유일한 사원이 바로 자이나교 사원이다.

또 자이나교는 두려움도 철저히 배척한다. 죽음에 대한 두려움이 있으면 자신이 살기 위해 다른 사람의 생명을 해치기 때문이다. 성적인 갈망이나 웃음, 슬픔도 없어야 한다. 영혼은 육체의 감각이나 희로애락과 관계없는 완전히 자유로운 존재이기 때문이다.

심지어 그들은 머리도 깎지 않는다. 머리나 수염을 깎을 때도 행여 작은 생명을 죽일 수 있기에 손으로 머리카락을 일일이 뽑는다. 목욕하지 않고 이빨을 닦지 않는 것도 그런 이유다. 이런 모든 것을 지키려면 엄청난 고통이 따른다. 석 달에 한 번씩 머리털을 손으로 뽑을 때면 오래된 수행자라도 눈물을 찔끔찔끔 흘린다. 그렇게 눈물을 흘리면 벌칙으로 하루를 굶어야 한다. 하루 한 끼를 먹고 매일 20킬로미터씩 걸어야 하는데 한 끼를 굶는다는 것은 그들에게 너무나 가혹한 벌이다.

그래서 자이나교의 수행을 극단적인 고행의 종교라고 한다. 석가모니 부처님도 6년을 하시다가 이건 아니라며 다른 길을 택하셨다. 그러나 자이나교는 이런 것을 지키지 않는 자의 삶이 더 고통스럽다고 보기 때문에 고통이라고 생각하지 않는다. 인생은 보는 관점과 기준에 따라 완전히 달라진다. 그래서 인생에서는 정해진 답, '정답'은 존재하지 않는다.

물론 이러한 실천이 매우 어렵다는 건 그들도 인정한다. 그래서 이런 모든 감각과 두려움을 극복해 영혼의 완전한 자유에 도달한 사람을 그들은 '위대한 승리자'라고 한다.

자이나교의 최종 목적은 불교와 마찬가지로 해탈의 삼매 三昧에 드는 것이다. 물론 방법에서 차이가 있다. 자이나교는 살레카나 단식을 통해 삼매에 든다. 불교는 현생에서 깨달음을 얻고 삼매에 드는 것이지만 자이나교는 음식을 끊는 살레카나 단식을 통해 죽고 난 뒤에 해탈 삼매에 든다. 육체가 있는 한 완벽한 삼매에 들기 어렵고 잠깐 삼매에 들더라도 죽을 때 육체의 고통에 휘둘리면 영혼이 온전히 천국에 들어갈 수 없다고 생각한다.

그들은 육체의 고행을 통해 영혼과 육체가 다른 존재라는 것을 끊임없이 숙달하고 자각한다. 고행을 통해 육체의 고통에 대한 인내심을 키우고 육체의 고통 속에서도 영혼이 육체와 완전히 다른 존재라는 것을 또렷하게 기억하면 죽음이 왔을 때 영혼이 육체의 고통에 사로잡혀 지옥으로 떨어지지 않고 신의 품에 안길 수 있다. 그렇게 되면 다시는 이 고통스러운 세상에 태어나지 않게 된다.

그렇다고 멀쩡하게 체력이 남은 상태에서 살레카나sallekhana 단식을 하는 것은 아니다. 몸이 병들고 늙어 더는 생명을 유지할 수 없을 때 살레카나를 한다. 알려진 것처럼 자이나교의 살레카나는 일반인의 자살과는 의미가 완전히 다르다.

자이나교의 신도는 인도에서 불과 0.3% 밖에 되지 않는다. 그러나 델와라 사원처럼 자이나교의 사원들은 인도의 여느 힌두교 사원보다 훨씬 화려하다. 자이나교 사원 하나를 팔면 힌두교 사원 열 개쯤을 지을 것이다. 이유는 자이나교 신도들이 대부분 부유하기 때문이다. 인도 13억 인구 중에서 신도는 겨우 3백만 명 정도에 불과하지만, 인도에서 자이나 교도들의 경제력과 영향력은 막강하다.

예부터 자이나교를 믿는 사람들은 작은 생명도 존중하기 때문에 농업을 하지 않고 주로 무역이나 유통, 금융, 학술, 출판, 언론 등의 분야에 종사했다. 무려 3천 년 전부터 그 일을 해왔으니 그들의 부와 지혜가 엄청나게 축적되었을 것이다.

또 자이나교가 옷 하나 걸치지 않는 완전한 무소유를 추구하기 때문에 신도들은 다른 종교보다 훨씬 기부를 많이 하고 죽을 때 자신이 모은 전 재산을 들여 사원을 짓는 사람도 많다. 그래서 자이나교 사원들은 모두 아름답고 화려한 것이다. 무소유와 생명존중의 사상이 오히려 부자가 되는 원인이 되었다. 내가 잘 나서 돈을 버는 것 같지만 사실 내 부富를 만들어주는 것은 타인이다.

동물과 식물을 포함한,

이 세상 전체를

피를 나눈 가족으로 느끼는 것이

가장 높은 깨달음이다.

– 요가난다

히말라야, 영원의 속삭임

히말라야 우디바바 산장에서 마지막 밤이다. 며칠 뒤면 한국으로 돌아가야 한다. 나는 마지막을 놓치지 않겠다는 듯 온종일 명상에 집중했다. 밤이 되자 기온이 뚝 떨어지고 밤하늘에 하나둘 별들이 얼굴을 내밀었다. 생각보다 별이 드물어 아쉽다. 이런 환경이라면 금방이라도 땅에 쏟아져 내릴 듯 별들이 빼곡해야 하는데 이유가 뭘까. 아니다. 정신을 집중해야 한다. 나는 한가롭게 별구경 하러 이 깊은 히말라야에 오지 않았다.

집중 때문인지 시간이 갈수록 척추를 흐르는 기운이 더 강력해졌다. 여기는 분명 먼 과거에 큰 아쉬람이었을 것이다.

왼쪽에 힘있게 뻗어 내린 능선이 동쪽의 바람을 막아주고 오른쪽에 어머니같이 아늑한 곡선으로 내려온 능선이 품에 안듯 명당을 감싸고 있다. 무엇보다 그 앞을 맑은 개울이 흐르고 약간 먼 곳에는 더 큰 개울이 흐른다. 다만, 정면에 있는 안산案山의 봉우리가 작아 약간 아쉽다. 안산이 밥상을 닮아 아쉬람이 쇠퇴하고 결국 지금과 같은 형식의 캠프가 되었을 것이다. 그래도 오늘 밤 내게 쏟아지는 기운은 최고다.

새벽에는 텐트에서 나와 인자한 부처가 그려진 바위 위에 가부좌를 틀고 앉았다. 한가운데 우뚝 솟은 이 바위가 이곳의 중심 혈 자리다. 정면에 맑은 달이 휘영청 떴다. 둥근 달이 동자인 듯 별 하나를 거느리고 나를 내려다본다. 시간이 영원히 멈춘 듯하다. 내 의식도 점점 느려지고 나와 사물과의 경계도 갈수록 희미해져 갔다.

내가 달이 되어 내 몸을 내려다보고 있다는 생각이 들었다가 작은 별이 되어 반짝이기도 한다. 마치 술에 취한 것 같다. 이래서 마약을 하는가. 사물과의 경계가 사라질수록 점점 기분이 좋아진다. 아집이 사라지자 무거운 짐을 내려놓은 듯 마음이 가볍다. 이 맛에 버리는구나. 이제야 자이나교 수행자들이 그토록 무소유를 추구하는 이유도 알았다. 역시 체험만이 완전한 이해다. 체험만이 완전한 깨달음이고 오직 체험만이 핵심에 도달한다.

— 우리는 영원히 멸하지 않는 의식이다.

내면에서 누군가가 속삭인다. 하느님인가? 하느님은 아닌 것 같다. 그렇다고 예전에 내가 읽은 문장이 떠오른 것도 아니다. 여기가 아쉬람일 때 머물던 수행자의 영혼일까. 그렇지도 않은 것 같다.

아, 마하라지! 언젠가 꿈에서 보았던 매의 눈빛이 대답했다. 이 새벽의 과분한 기운과 축복이 모두 마하라지의 배려에서 왔구나. 그의 존재에 감사를 드리자 우주와의 합일점이 더 커졌다. 지금 이곳에서 그리고 아쉬람에서도 나는 늘 그의 가르침 안에 있었고 앞으로도 그럴 것이라는 확신이 들었다.

심장에서 흘러나온 기운이 온몸에 차고 넘치며 가슴과 양어깨와 목이 하늘에서 잡아당긴 듯 치켜 올려지고 척추가 차례대로 벌어지며 등에서 우두둑우두둑 소리를 냈다. 이러다 온몸이 터져 죽는 게 아닐까. 그러면 뭐 어떤가. 이대로 죽어도 좋다. 나는 기운이 끌고 가는 대로 그냥 나를 맡기고 내버려 두었다. 두려움 없이 맡겨버리자 폭발할 듯 퍼져나가던 기운이 중력을 벗어난 우주선처럼 서서히 멈추며 다시 정적이 찾아왔다.

그러다 숨이 멎었다. 그렇다고 내가 죽은 건 아니다. 아무 걸림 없는 의식은 중력을 벗어난 우주인처럼 자유롭고 또렷하다. 죽은 사람처럼 숨이 완전하게 멈춘 것도 아니고 정확하게는 숨이 들숨과 날숨 반반으로 나누어졌다. 겉으로는 숨이 멈춘 듯싶지만, 들숨은 날숨 안으로 날숨은 들숨 안으로 들어간 그런 상태에서 숨은 계속되고 있다.

이 체험을 완벽하게 묘사할 수는 없다. 체험이 같아야 이 상태의 이해가 가능하다. 폐가 아니라 피부호흡을 하는 것인지도 모른다. 마치 육체 안과 육체 바깥의 경계가 완전히 사라진 느낌이다.

시간이 쪼개지고 쪼개져 완전히 멈추며 고무줄처럼 늘어졌다. 달과 별과 나무와 숲과 물소리 새소리가 모두 정적 속에 하나로 삼켜졌다. 그 하나가 작은 빛이 되었다가 작은 빛이 점점 커지더니 그 모든 걸 또 집어삼켰다. 아무런 소리도 들리지 않았고 내 몸도 느껴지지 않았다. 나는 그냥 의식이었다. 마치 지면에서 살짝 발을 떼고 허공으로 들어간 느낌이었다. 비로소 내 의식은 내 몸이라는 땅에서 완전히 해방된 자유였다. 이론의 자유가 아니라 온몸으로 체험되는 실존의 자유였다. 이것이 해탈인가.

모든 생명이 모두 나를 도왔다. 모든 생명이 우주에서 내게로 오는 미세한 통로들을 열어주고 빛의 그림자를 없애주었다. 만약 그중에 어떤 생명이나 무리라도 나를 방해한다면 완전한 해방이 불가능했다. 아, 그래서 자이나교가 철저하게 모든 생명을 존중하고 사랑하는구나. 진정 체험만이 완전한 이해다.

　눈을 감고 있었지만 모든 것이 보였다. 하늘 위에서도 내가 보였고 능선 위에서도 내가 있었다. 공간이 마치 풍선처럼 쫄깃하고 푹신한 의식으로 만든 매트릭스같이 늘어졌다. 나는 자유였고 아무런 분리의 공포가 없는 평화 그 자체였다. 이게 바로 하나님의 왕국이라고 해도 무리가 없어 보였다.

　다섯 살부터 나를 괴롭혔던 죽음의 공포가 비로소 내 앞에 무릎을 꿇었다. 하나님의 왕국 안에서 죽음은 없다. 그저 영원한 의식만 존재할 뿐이다. 우리는 모두 하늘의 의식에서 왔다. 우리는 모두 하늘 의식을 입은 하나의 존재다.

　얼마나 시간이 흘렀을까. 날이 밝으며 조금씩 숨이 돌아왔고 사물들도 시야에 모습을 드러냈다. 희미한 달빛 아래 나를 내려다보는 히말라야의 봉우리와 능선, 계곡들, 물소리, 바람 소리가 나와 함께 긴 숨을 내뱉으며 깨어났다. 새들도 여기저기서 희귀한 소리로 지저귀기 시작했다. 내 귀에 익숙한 소리는 참새 소리밖에 없었다.

처음엔 소리밖에 들리지 않더니 저 멀리 계곡 아래 나무가 우거진 숲에서 한 번도 본 적 없는 파랑새와 초록색 부리를 가진 화려한 새들이 바람을 타고 낮게 비행하며 나를 향해 날아왔다. 그들은 마치 히말라야의 전령들처럼 내 주위를 맴돌며 환호하고 축복했다.

일중일체다중일一中一切多中一
하나 속에 일체 있고 일체 속에 하나 있으니,
일체진중역여시一切塵中亦如是
온갖 티끌 가운데도 시방 우주가 다 있다.
– 의상조사 법성계義湘祖師 法性偈

신성한 축제,
다시 세상 속으로

히말라야에는 산골 사람이 많이 살지만
신의 인식에 도달한 사람은 드물다.
지혜는 생명이 없는 산보다는
깨달은 사람으로부터 구하는 것이 옳다.
– 스리 유크테스와르

어제, 나는 히말라야 우디바바 캠프에서 내려왔다. 인도에 온 지도 벌써 석 달이 지났다. 이제 사흘 뒤면 나는 한국으로 떠나야 한다. 아쉬람에 도착하자마자 나는 근처에 있는 여행사에서 델리까지 가는 항공권을 예약했다. 델리에서 한국으로 가는 편은 이미 예약을 했었다. 물론 우디바바 캠프에서 며칠 더 있다가 내려올 수도 있었다. 그러나 마지막 날을 제외하고 고생하는 것에 비해 큰 도움이 되지 않았다.

혹시 히말라야에서 수행하고 싶은 사람이 있다면 나는 말리고 싶다. 책의 묘사만 믿고 왔다가 실망하고 고생하는 경우가 의외로 많다. 난로가 있는 아늑한 천연동굴이 있다면 모를까. 야외텐트는 너무 시끄럽고 춥다. 밤에는 어김없이 바람이 분다. 해발 8천 미터에서 내리치는 강한 바람에 텐트가 밤새 비명을 질러댄다. 그리고 무엇보다 춥다. 따듯한 방안에서 보는 히말라야 설산은 매력적이지만 막상 그 혹독한 환경에 들어서면 환상이 깨진다.

산에서 내려와 아쉬람의 내 방에서 모처럼 따듯한 물에 목욕하고 따듯한 이불 속에서 실컷 잤다. 한결 몸이 가벼워 이른 아침부터 밀린 빨래를 했다.

이제는 귀국 준비를 해야 한다. 인도는 햇살이 강하고 건조하기 때문에 빨래를 널어놓으면 금방 마른다. 너무 오래 널어놓으면 먼지 때문에 다시 빨아야 한다. 밖에 널어놓는 것도 금물이다. 기회를 노리던 원숭이가 어느 틈에 가져가 버린다. 인도의 밤은 개가 대장이고 낮은 원숭이가 대장이다.

빨래하는 도중에도 밖이 시끄러웠다. 이른 아침부터 사무실 직원들이 분주히 움직여 무슨 행사가 있나 싶었는데 기어이 앰프를 설치해 놓고 노래까지 틀었다. 맙소사. 노래라니. 그동안 갠지스강 건너편의 아쉬람에서 노래를 크게 틀어 비난했었는데 설마 내가 머무는 아쉬람에서 노래를 틀 줄은 몰랐다.

그것도 신을 찬양하는 노래만 트는 게 아니라 우리나라 가 수 싸이가 부른 '강남 스타일'도 나온다. 세계적인 명상의 도시 리시케시에서 싸이의 '강남 스타일'을 듣게 될 줄이야. 뭐지? 이 사람들이 아쉬람을 댄스클럽으로 만들려는 것인가. 아니면 히말라야에서 내려온 내 환영 행사라도 하려는 겐가?

빨래를 널어놓고 날짜의 일정표를 보니 절대 밖에 나가지 말라는 메모가 적혀 있다. 일주일 전에 만난 인도인이 그날은 절대 밖으로 나가지 말고 아쉬람 안에만 있어야 한다고 했었다. 밖에 나가면 물감을 뒤집어쓰기 때문이라고 했는데 벌써 행사를 준비하는 아쉬람 직원들의 얼굴에 모두 이상한 색칠을 하고 있다.

방 안에만 있어야겠다고 생각했는데 그것도 어려웠다. 문을 닫고 이어폰을 껴도 앰프에서 나오는 음악 소리가 워낙에 커 도저히 견딜 수가 없었다. 그렇다고 아쉬람 밖으로 나갈 수도 없었다. 사무동 옆 잔디밭에 하나둘 모여든 사람들이 벌써 삼사십 명쯤 모였다. 외국인도 있고 아쉬람 직원도 있다. 모두 얼굴에 물감을 칠하고 상대에게도 뿌려댔다. 그리고 춤을 췄다.

나는 금방 목욕을 하고 새옷으로 갈아입었지만, 사진을 찍어 놓으면 기념이 될 것 같아 행사장으로 조심스레 다가갔다. 처음엔 멀리서 줌을 이용해 사진을 찍었다. 주저하던 외국인들도 하나둘 축제에 동참하기 시작했다. 경쾌한 팝이 흘러나오자 가장 먼저 미국인들이 뛰어들었고 일본인들은 가장 나중에 끼어들었다. 나중에는 술에 취한 사람처럼 모두 미친 듯이 춤을 추고 서로의 몸에 형형색색의 물감을 뿌려댔다.

도대체 왜 이러는 걸까? 무엇이 이른 아침부터 저들을 들뜨게 하는 걸까? 신성한 아쉬람에서 꼭 이래야 할까? 나는 멀리서 사진을 찍다가 경계심을 유지한 채 조금씩 다가가는 고양이처럼 거리를 좁혔다. 사진을 찍다가 동영상도 찍었다. 그런데 갑자기 싸이의 '강남 스타일' 노래가 나왔다. 춤을 추던 외국인과 요가선생이 갑자기 내 쪽을 보고 뛰어왔다.

헉. 그들의 양손엔 뿌리는 색깔 페인트가 한 줌씩 들려져 있었다. 그들은 '강남 스타일'의 나라에서 온 내가 숨어서 자신들을 찍고 있다는 걸 알고 있었다. 나는 오랜만에 목욕하고 새옷을 갈아입은지라 기겁을 하고 도망쳤다. 나는 초등학교 6년 동안 가을 운동회에서 1등을 놓친 적이 없다. 그들도 곧 포기하고 돌아섰다.

인도에는 축제가 많다. 모두 신과 관련된 축제다. 인도에는 3억 3천만이 넘는 신들이 살고 있다. 그러니 축제가 많은 것은 당연하다. 축제가 있을 때마다 앰프를 틀어놓고 춤을 추고 노래를 부르니 아쉬람이 많은 리시케시는 1년 365일 시끄럽지 않은 날이 없다. 나는 이들이 축제를 핑계로 놀고 싶은 것이 아닐까 의심한다. 특히 오늘 같은 행사는 너무했다. 도대체 왜 이러는 걸까? 아쉬람 밖의 거리에도 온통 물감들을 뿌려대고 아쉬람마다 노래와 춤으로 난리다. 나는 밖으로 나갈 수도 없어 한동안 아쉬람을 배회하다가 다시 고양이처럼 살금살금 행사장 가까이 다가갔다.

성스럽다는 의미의 홀리Hally 축제는 종교와 상관없이 인도 전역에서 펼쳐지는 새해맞이 축제다. 힌두 달력으로 12월의 마지막 보름달이 떴을 때 열리는데 보통 2~3월에 열린다. 우리나라 정월 대보름 행사와 비슷하다. 우리가 달집을 태우듯이 축제 하루 전에 '홀리까'라는 악마를 장작불에 태운다. 축제 당일은 다양한 색깔의 가루와 물감을 서로에게 뿌린다. 오색의 물감으로 긴 겨울의 음기陰氣를 몰아내고 서로에게 생명의 양기陽氣를 북돋아 주는 것이다.

크리슈나 신과 그의 연인 라다가 서로에게 물감을 뿌려주며 놀았다는 신화에서 유래되었는데 크리슈나는 각자의 몸에 있는 신성(그리스도 의식)을 상징한다. 신이 자신의 형상을 본떠서 인간을 만들었으므로 인간은 누구나 신성神性 크리슈나를 지니고 있다. 단지 육체라는 유한한 한계에 익숙해져 신성神性을 보지 못할 뿐이다. 달집을 태우듯이 각자의 육체 속에 있는 음습한 기운을 태워버리고 각자의 그리스도 의식(크리슈나 의식)을 깨워주는 게 홀리 축제의 의미다.

마침 행사장과 약간 떨어진 벤치에 두 사람이 앉아 있어 나도 그곳으로 가 옆에 끼어 앉았다. 나이 많은 할머니가 인도말로 나보고 왜 행사에 참여하지 않느냐고 나무라며 나를 자꾸 행사장으로 들이민다. 통역을 해주는 아주머니는 며느리였다. 나는 방금 빨래와 목욕을 했다며 예전에 많이 했기 때문에 안 해도 된다는 핑계를 댔다.

갑자기 할머니가 자신의 얼굴에 묻은 물감을 찍어서 내 이마와 양 볼에 발라 주었다. 그리고 이것은 신성한 어머니의 은총이라고 했다. 할머니가 진지했다. 방금 세수했다고 짜증낼 상황이 아니다. 나는 양 볼에 곤지처럼 물감을 바르고 두 사람과 함께 벤치에 앉아 축제를 감상했다. 춤추는 그들도 내가 기겁을 하며 도망가는 것을 봤던지라 또다시 물감을 들고 뛰어오지는 않았다.

역시 열정의 나라 남미에서 온 친구들이 가장 잘 놀았다. 키가 크고 여기저기 문신을 한 근육질 남자가 단연 대장이었다. 그는 매일 아침 열심히 요가를 했다. 아쉬람에 머문 지 거의 한 달쯤 되는 장기 투숙자였다. 키가 크고 뻣뻣해 요가 자세는 좋지 않았지만, 항상 땀을 뻘뻘 흘리며 열심히 요가를 했다. 어느 날 도서관 앞에서 미국인 아줌마 셋을 앉혀놓고 요가가 어떻게 방탕했던 자신의 삶을 변화시켰는지 열변을 토하는 걸 들은 적이 있다.

미국에서 온 아줌마 셋도 잘 놀았다. 그야말로 물 만난 고기처럼 놀았다. 그들은 아쉬람 내에서도 몰래몰래 대마초를 피웠다. 대마초를 피우지 않을 때면 늘 도서관 앞에 앉아 스마트폰으로 인터넷을 하며 수다를 떨었다. 아쉬람 안에서 와이파이가 되는 곳은 도서관밖에 없고, 사람들이 조금만 모여도 속도가 뚝 떨어졌다. 이런저런 이유로 나는 그 아줌마들을 싫어했다. 대마초를 피우고 수다나 떨 거면 굳이 불편한 인도까지 올 필요가 있었을까. 대마초가 싸기 때문일까.

갑자기 프랑스에서 온 총각이 도망가고 캐나다에서 온 처녀가 잡으러 뛰어갔다. 프랑스 총각이 캐나다 처녀에게 물감을 뿌리고 도망간 것이다. 캐나다 처녀는 키가 크고 예뻤다. 처음엔 어머니와 함께 왔는데 어느 날 어머니가 보이지 않고 캐나다 남자와 같이 다녔다. 대놓고 스킨십을 하는 거로 보아 애인 같았다. 처녀가 예쁘다 보니 프랑스 총각이 가끔 추파를 던졌고 오늘은 대놓고 물감으로 들이대고 있다. 아마 곧 애인이 바뀔 것 같다.

음식을 들고 온 주방장이 앞치마를 두른 채 행사장에 뛰어들었다. 배가 나오고 키가 작은 사람인데 의외로 나이트클럽 죽돌이처럼 춤을 잘 췄다. 가만히 보니 주방에서 일하는 사람들이나 아쉬람을 청소하는 사람들도 무리 중에 섞여 있었다. 머리와 옷에까지 물감을 잔뜩 바르고 있으니 누가 누군지 식별이 가지 않았다.

아, 그렇구나. 나는 비로소 이 혼란한 축제의 진정한 의미를 깨달았다. 홀리 축제 때문에 인도의 카스트제도가 무너졌다. 인도는 아직도 신분이 엄격한 계급사회다. 예를 들어, 아쉬람에서 요가를 가르치는 선생이 브라만이라 가장 높고, 그 다음은 사무실을 관리하는 사람들이다. 일종의 무사나 통치자 계급인 크샤트리아다. 가장 낮은 사람들이 아쉬람을 청소하거나 빨래나 노동을 하는 사람들이다. 일체의 접촉도 하지 못한다는 불가촉천민도 있다. 평소의 그들은 조선 시대의 양반과 상놈의 계급을 떠올리게 할 정도로 엄격하다. 인간끼리 너무한다 싶다.

그런데 오늘 서로에게 뿌려댄 물감으로 모든 신분이 사라졌다. 누가 누군지 구별이 되지 않았다. 요가선생이든 청소를 하는 인부든. 각자의 가슴 속에 숨어 있던 신성한 크리슈나가 밖으로 드러나자 모두 똑같은 존재가 되었다.

우리는 내면에 숨겨진 신성을 드러내지 못해서 불평등할 뿐 드러내면 모두 평등하고 신성한 존재였다. 이미 신성을 깨운 요가선생이 브라만이고 아직 깨어나지 못한 사람은 청소하고 빨래를 하며 자신의 업장을 닦아내며 내면의 신성을 깨우는 중이다. 먼저와 나중의 차이뿐 인간은 똑같이 신성한 신의 독생자獨生子이다.

어둡고 추웠던 긴 겨울이 지나고 봄이 오면 만물이 형형색색의 꽃으로 피어난다. 마찬가지로 인간에게도 자기 안의 신을 잃어버리고 고통 속에 허우적대는 긴 겨울이 있다. 오늘은 그 긴 겨울의 고통 속에서 깨어나 자기 안의 신성한 신을 찾으라고 서로에게 형형색색의 색깔을 뿌려대는 축제다. 그래서 Hally(신성한) 축제다.

내가 아쉬람에 처음 왔을 때 이곳은 겨울이었다. 이제 어둡고 추웠던 긴 겨울의 터널을 지나 아쉬람에도 봄이 오고 있다. 이틀 뒤에 나는 한국으로 돌아가야 한다. 돌아가면 이 모든 게 그리울 것이다. 이 장소. 이 사람들.

나의 긴 겨울도 끝나가고 있다. 이곳에서 또 나는 많은 것을 배웠다. 청련암의 벽화와 인연이 닿아 밀교를 알게 되었고 그 경험으로 책을 썼다. 그 책이 인연이 되어 이곳에서 니케탄 요가를 배웠다. 비록 마하라지의 제자를 만나지 못해 아쉬웠지만 보이지 않는 손길의 도움으로 나는 한 발짝 더 전진할 수 있었다.

그렇게 멍하니 혼자 생각에 잠겨 있는데 옆에 있던 할머니가 언제 떠나냐고 묻는다. 그래서 나는 한국에서 왔으며 이틀 뒤엔 한국으로 돌아간다고 했더니 고개를 끄덕이신다. 그들은 델리에서 왔단다. 언제까지 계실 거냐고 했더니 2주 뒤에 이 아쉬람에서 행사가 있는데 끝나면 3주쯤 뒤에 돌아갈 거란다. 전 세계에 흩어져 있는 마하라지의 제자들이 모두 모이는 매우 큰 행사란다. 그래서 아쉬람에 페인트를 새로 칠하고 새 단장을 하는 거란다.

"Every disciple(모든 제자)?"

나는 내 귀를 의심했다. 내가 지금까지 마하라지의 제자를 찾느라 그렇게 고생을 해도 찾지 못했는데 2주일 뒤에 마하라지가 가르친 모든 제자가 이 아쉬람에 모인다는 것이다.

이건 뭐지? 나는 머리가 띵했다. 이 사람들이 집단으로 나를 속였다. 아쉬람을 관리하는 사람들이나 요가를 가르치는 선생들도 모두 마하라지의 법을 이어받은 제자가 없다고 했었는데 바로 2주 뒤에 세계에 흩어진 모든 제자가 모여 행사를 한다.

그들이 나를 속였다고 생각하니 밑바닥에서 심한 배신감이 올라왔다. 그것도 모르고 나는 요가 매트를 포함해 내가 가진 모든 자잘한 생활용품들을 아쉬람에 모두 기증하기로 마음먹었었다. 약간의 현금까지 얹어서.

내가 망연자실한 표정을 짓자 할머니가 내 등을 토닥였다. 내가 마하라지의 책을 읽고 그 법을 배우기 위해 왔다는 것도 할머니는 알고 있었다. 누구에게 들었냐고 했더니 아쉬람 직원들은 모두 알고 있단다. 할머니는 어릴 때 잠깐 마하라지 밑에서 교육을 받았을 뿐 깊게 배우지는 못했다고 한다.

어느새 홀리 축제가 끝났다. 나는 내 방으로 돌아와서도 마음이 진정되지 않았다. 어떻게 진정이 되겠는가? 이 연재를 처음부터 읽었던 독자라면 내가 얼마나 마하라지의 제자를 만나고 싶어 했는지 잘 알 것이다. 그런데 2주면 너무 긴 시간이다.

이틀 뒤에 나는 돌아가야 한다. 한국에서 내가 해야 할 많은 일이 기다리고 있다. 항공권을 취소하면 많은 페널티를 물어야 한다. 나는 더 이상 억대 연봉의 지점장이 아니다. 아, 미리 알았으면 조정을 할 수 있었을 텐데.

다음 날. 날씨가 잔뜩 흐렸다. 내 마음이 흐렸는지도 모른다. 나는 아침 일찍 아쉬람 사무실의 문을 두드렸다.

당신은 이미 마하라지의 제자다

구원을 바라는 참된 욕망의 씨앗은
많은 시간 동안 무시되더라도,
이번 생이 아닌 다음 생生에서라도,
알맞은 기회가 되면 발아하여 싹트게 된다.
구원을 향한 참된 노력은
결코 배신하지 않는다. – 요가난다

흥분으로 내 목소리는 약간 떨리고 있었다. 가라앉히려 했지만 불가능했다. 불가능한 게 당연했다. 사무실 직원도 놀란 표정이었다.

— 2주 뒤에 마하라지의 제자들이 모인다는 게 사실인가? 사실이다. 그렇게 쉽게 대답한다고? 그렇다면, 왜 내게 말해주지 않았는가? 그동안 내가 얼마나 마하라지의 제자를 찾고 있었는지 당신들은 잘 알고 있지 않은가? 물론 잘 알고 있다. 내게는 분명히 마하라지의 제자들이 없다고 하지 않았는가? 그건 당신의 일정과 맞

지 않았기 때문이다.

내 일정 때문에? 그들은 집단 사기극이 발각되자 어쭙잖은 핑계로 위기를 모면하려 했다.

'그렇다면, 내가 출국 날짜를 2주 뒤로 연기하면 나도 그 모임에 참석할 수 있다는 말인가? 물론 가능하다. 가능하다고? 물론이다. 그렇다면 이 아쉬람에 머무는 사람들 누구나 그 행사에 참석할 수 있다는 말인가? 그건 아니다. 마하라지의 제자들만 가능하다. 그런데 나는 참석이 가능하다는 말인가? 그렇다. 당신은 가능하다. 진짜인가? 그렇다. 사실이다. 나는 마하라지의 제자가 아니지 않은가? 아니다. 당신은 이미 마하라지의 제자다.'

나는 순간적으로 할 말을 잃고 멍멍해졌다. 전혀 예상하지 못한 대답이었다. 뭐라고? 내가 이미 마하라지의 제자라고? 뭐지? 무슨 의미지? 당황한 틈으로 저 가슴 밑바닥에서 뭉클한 것이 올라왔다. 그러나 고맙긴 해도 나는 여전히 믿을 수 없었다. 혹시 당신 개인적인 생각이 아닌가? 아니다. 우리 모두의 생각이다. 우리는 당신에 대해 많은 얘기를 나눴다. 우리는 당신을 매우 자랑스럽고 고맙게 생각한다. 당신은 우리가 못했던 일을 했다. 이미 당신은 우리의 친구다.

그러나 고맙긴 해도 사실 내 일정을 2주 뒤로 미룰 수는 없었다. 행사 기간 일주일을 합치면 무려 3주나 뒤에 한국에 가야하기 때문이다. 인도에 온 지 이미 3개월이나 지났고 중요한 일이 기다리고 있어 한 달이나 입국을 늦출 수는 없었다. 1년마다열리는 행사라고 했으니 혹시 내년에도 참석할 수 있는가? 물론이다. 당신은 언제든 환영이다.

나는 마하라지로부터 직접 교육을 받지 않았지만 그들이 최초로 인정한 특별한 제자가 되었다. 기분이 묘했다. 그리고 이만하면 됐다는 생각이 들었다.

다시 나는 아쉬람의 내 방으로 돌아왔다. 몇 달 전 처음 리시케시에 올 때 가지고 왔었던 질문지를 꺼냈다. 나는 이곳에서 모든 의문을 풀 수 있을 거라 기대했다. 모두가 부러워하는 억대 연봉의 직장까지 과감히 벗어던졌다. 그러나 마하라지는 이미 돌아가셨고 법을 이어받은 제자는 아쉬람에 남아있지 않았다.

내 절망감은 컸다. 이대로 돌아갈까. 돌아간다면 또 얼마나 큰 웃음거리인가. 부끄러움을 무릅쓰고 사표를 취소해 달라고 할까. 온갖 생각이 꼬리를 물었다. 이대로 죽는 것도 괜찮겠다는 생각까지 들었다. 히말라야 설산에서 굶주려 죽는 것도 괜찮고, 신성한 갠지스에 떠내려가는 것도 나쁘지 않았다.

생각이 벼랑 끝에 서니까 이상하게 뭔가 가벼워졌다. 끝났다는 생각이 오히려 나를 조금씩 움직이게 했다. 바라나시 화장터에서 느꼈던 것처럼, 삶은 죽음에서, 벼랑 끝에서, 또 다른 시작으로 이어짐이 분명했다. 나는 겸허해졌다. 이 세상에 죽음만큼 사람을 겸손하게 하는 건 없다.

나는 작은 것에서부터 다시 시작했다. 운명을 하늘에 맡기고 늘 기도하며 아쉬람에 남아 있는 작은 단서라도 잡고 매달렸다. 매일 밤 갠지스의 강물이 흐르는 소리와 히말라야에서 내려오는 바람 소리를 들으며 고독과 후회를 위로했다. 그러다 어느 날 정말 기적적으로 도서관에서 귀한 자료들을 찾았고 그 자료와 아쉬람 곳곳에 남아 있는 그림과 자잘한 흔적들을 연결하자 마하라지의 위대한 비밀들이 조금씩 풀리기 시작했다.

그러나 가다 보면 또 막혔다. 벽에 부딪혀 도저히 전진할 수 없을 때엔 마하라지에게 간곡한 기도를 드렸고, 마하라지께서는 꿈과 영감을 통해 답을 주셨다. 또 마하라지는 히말라야에서 특별한 기운으로 우주의식을 체험하게 했고 어릴 때부터 줄곧 나를 괴롭혔던 죽음의 공포에서도 벗어나게 했다.

아쉽지만 이만하면 됐다. 이곳에 오지 않고 한국에서 직장과 수련만 계속했다면 절대 이루지 못했을 것이다.

지난 시간이 모두 꿈같다. 우연으로 비틀대며 흘러온 거 같은데 한편에선 누군가 미리 치밀하게 짜놓은 각본 같다. 20년 전에 나는 한국에서 국선도를 수련하다가 우연히 쿤달리니가 열렸다. 몸에 많은 변화가 왔지만, 국선도에는 없는 변화였다. 그러다가 미국에 있는 파라마한사 요가난다가 설립한 자아실현협회(SRF)의 크리야 요가를 배워 많은 진전을 이룰 수 있었다.

높은 단계의 수련은 지도하는 사람이 없으면 매우 어렵고 더디다. 나는 크리야 요가를 배워 많은 진전을 이뤘지만, 곧바로 벽에 부딪혀 또 정체기가 왔고, 바로 그때 하늘의 도움으로 양익스님의 청련암 벽화를 만났다. 무려 4년간 그 벽화를 추적하고 연구하며 크리야 요가의 벽을 넘었고 그 과정을 책으로 출판했다.

그리고 또 정체기가 왔다. 그때 어떤 분이 내가 출판한 책에 있는 그림과 유사하다며 책을 소개했다. 그렇게 나는 그 책을 따라 지금의 아쉬람에 왔고 나는 또 벽을 넘었다. 어떻게 이런 일들이 기다렸다는 듯 연이어 일어날 수 있을까. 너무나 완벽한 우연의 일치였다. 이게 소설이라면 분명 설득력이 없다며 비난받았을 것이다.

묘한 것은 청련암의 벽화를 그리신 양익스님도 돌아가신 뒤에 법이 이어지지 않았고, 리시케시의 마하라지도 돌아가신 뒤에 법을 이어받은 제자가 없었다. 나는 5년이나 걸렸던 청련암에서처럼 또 아무런 도움 없이 남은 단서를 분석하고 공부하며 스스로 답을 찾았다. 그리고 지금 그들은 마하라지를 대신해 내 노력을 인정해줬다.

국선도의 체지체능體智體能처럼 마하라지가 남긴 수련법의 핵심도 체험이다. 즉, 내 안에 실제 존재하는 여러 개의 몸을 영적인 눈으로 직접 체험하고 보지 못하면 이론과 상상만으로 절대 해탈에 이를 수 없다는 것이다.

인도 최고의 경전인 바가바드 기타도 수행에서 가장 중요한 게 바로 몸이 나의 전부라는 생각의 한계에서 벗어나는 것이라고 한다. 그러나 단순히 생각만으로, 결심만으로는 불가능하다. 반드시 실제 내 육체 안에 존재하는 또 다른 몸을 직접 보고 체험해야 한다.

동서양의 수많은 성인들이 육체 안에 존재하는 진아와 신을 언급한다. 그러나 대부분 빛이나 소리 등 단어 몇 개로 설명하고 끝이다. 그러나 마하라지는 높은 영의 능력으로 영혼의 세계를 자세히 그림으로 남겼고 각각의 작용에 대한 설명까지 상세하게 덧붙였다. 그리고 『영혼의 과학』이라는 제목의 책으로 출판했다. 이것은 영의 세계에서는 뉴턴의 만유인력 발견에 비견될 위대한 업적이다.

　그러나 너무나 높이 올라갔기 때문에 비법을 온전히 이어받을 제자가 없었고 일반인들은 더더군다나 이해할 수 없었다. 그런데 정신세계의 변방이라고 알고 있던 대한민국이라는 나라에서 온 수행자가 스승의 가치를 알아보고 그들보다 더 열심히 스승의 행적과 비법을 집요하게 추적했다. 아무도 나의 노력을 몰라 주고 부담스러워하는 줄만 알았는데 그들은 내게 고마워하고 내 노력을 인정해줬다. 좋다. 만족하진 못했지만, 이만하면 괜찮은 결말이다.

　　나는 오랜 세월 침묵으로 수행하여 진리를 완성하였고,
　　다른 구도자를 돕기 위해 『영혼의 과학』이라는 책을 썼다.
　　진아는 스스로 빛을 발하는 존재이며,
　　육체를 비롯한 모든 기관은 빛나는 진아의 에너지를 받아
　　존재한다.
　　해탈을 원하는 수행자는 반드시,
　　이러한 지식을 획득해야 한다.
　　－마하라지

Goodbye, Rishikesh (안녕, 리시케시)

늙은 왕이 말했다.
표지標紙를 따라가라.
절대로 꿈을 포기하지 말라.
– 연금술사

리시케시의 마지막 날이 밝았다. 나는 배낭을 메고 아쉬람 밖으로 나왔다. 오래전에 계획한 리시케시의 마지막 날을 완수해야 했다.

우선 나는 단골 가게에 들러 200루피를 10루피의 잔돈으로 바꾸었다. 그리고 한국식당 '드림카페'를 향해 걸었다. 보통은 삼륜차 릭샤를 타고 락슈만줄라 다리까지 올라가지만, 오늘은 람줄라를 걸어서 건너기로 했다. 중간에 작은 이발소에 들러 이발도 할 예정이다.

10루피의 잔돈을 200루피나 바꾼 것은 두 개의 다리 근처에 구걸하는 걸인들 때문이다. 리시케시에 머무는 몇 달 동안 나는 그들을 지나치며 늘 마음이 아팠다. 그러나 한번 주면 너도나도 떼거리로 몰려들기 때문에 마지막 날 한 번은 꼭 주고 가기로 마음을 먹었다. 두 개의 다리에 늘 상주하는 걸인들은 대략 열 명 안팎이었다. 한 사람당 10루피를 준다면 100루피면 충분했지만 그래도 모자랄까 봐 넉넉하게 200루피를 바꿨다.

아, 그러나 그들도 내 마음을 읽었던 것일까. 람줄라 다리 앞에는 평소보다 많은 걸인이 나와 있었다. 새로 보이는 이들도 몇 명 있었다. 구역에 대한 경쟁이 살벌해 좀처럼 새로운 걸인들이 진입하기 어려운데 그날은 특이했다. 벌써 소문이 났나? 나 혼자의 생각인데 그럴 리는 없다. 람줄라 다리를 건너는데 벌써 100루피나 나갔다. 그런데 이발소 앞에까지 가는데 두 명이 더 보였다. 이제는 80루피밖에 남지 않았다.

모든 게 예상 밖이었다. 이발소 주인도 바뀌었다. 늘 보던 어린 친구가 아니다. 작은 녹음기에서 흘러나오던 흘러간 팝송도 들리지 않았다. 그리고 밖에서 보던 것보다 이발소 내부는 너무 더럽고 지저분했다. 흙먼지 날리는 시골 비포장도로 옆에 출입문도 달리지 않은 작은 이발소를 상상해보라. 거울은 물론, 가위 면도기 세면대 등등 모든 곳에 뽀얀 먼지와 까만 때가 앉아 있다.

겨우 이발이 끝나 눈을 떴더니 생각보다 너무 짧게 잘랐다. 그러나 이게 황당함의 끝이 아니었다. 방심하는 사이 가위가 움직이더니 왼쪽 눈썹을 싹둑 잘랐다. 가위가 오른쪽으로 움직이자 깜짝 놀라 제지했다. 눈썹이 짝짝이가 되었다. 괜히 이발했다고 후회하는데 주인은 흐뭇하게 미소를 짓는다. 리시케시는 내가 절대 잊을 수 없도록 마지막 추억을 치밀하게 준비해 놓았다.

10루피로 바꾼 잔돈이 이제 80루피밖에 없어 불안했는데 돌아오는 길에 정확히 8명의 걸인이 길바닥에 나와 있었다. 모자라지도 남지도 않았다. 신성한 리시케시는 치밀했다. 오늘 하루 만나는 모든 걸인에게 적선하겠다는 내 목표가 정확하게 달성이 되었다. 이런 사소한 것까지 신경 쓰는 인도의 신들은 얼마나 위대한가. 3억 3천만의 신은 3억 3천만의 역할이 있다는 뜻이다. 설마 신인데 빈둥댈 리는 없지 않은가.

마지막 밤이다. 나는 쉽게 잠들지 못하고 밤이 늦도록 깨어 있다. 벌써 세 번째 인도여행이 끝나가고 있다. 다시 이 땅에 돌아올 수 있을까. 인도는 내게 무엇이었나? 다시 되돌아본다. 멀리 히말라야를 돌아 내려온 갠지스강의 깊은 숨소리가 들린다. 히말라야의 바람 소리. 숨소리. 그 고요함을 깨고

개가 짖는다. 힘든 싸움이었다. 그러나 힘들지 않았다면, 누군가 잘 차려준 밥상을 그냥 떠먹는 상황이었다면 이루지 못했을 것이다. 세상의 대차대조표는 늘 어디든 똑같다.

지금도 히말라야 어딘가에서 나를 지켜보고 계실 위대한 스승 마하바타르 바바지에게 감사를 드렸다. 21살에 요가난다의 자서전을 통해 처음 만나 치기 어린 기도에 응답해 주셨기 때문에 수많은 고비를 거쳐 나는 이곳에 왔다. 비록 히말라야에서 바바지를 만나지는 못했지만, 지금까지 그랬듯이, 내가 이보다 더 어두운 곳에서 길을 잃고 방황하고 있을지라도, 내 영혼의 끈을 놓지 말아 달라고 기도했다.

아, 그런데 갑자기 지금까지 느껴보지 못했던 엄청난 기운의 물결이 몰려왔다. 잠깐 정신을 잃었다. 잠시 어지러운 사이 갑자기 왼쪽 허리에서 뜨거운 기운이 뻗쳐 올랐다. 그 기운을 시작으로 척추 전체로 무수한 기운의 반응들이 머리 꼭대기 사하스라 차크라를 향해 맹렬하게 올라가기 시작했다. 큰 빛과 소리 속에 다시 나는 나의 경계를 잃었다. 얼마나 시간이 흘렀을까. 정적 사이로 무언가 뜨거운 게 볼을 타고 흘러내렸다.

가라. 가라. 두려워하지 말고 가라. 길을 잃은 자만이 길을 찾고, 도전하는 자에게만 기회가 열릴 것이다. 힘들더라도 견

려라. 포기하지 말고 끝까지 가서 성취하라. 나는 언제나 너의 곁에서 너를 응원하고 보호하고 힘을 보낼 것이다. 주저하지도 뒤돌아보지도 말고 가라. 히말라야의 위대한 스승은 그렇게 또 내 등을 떠밀었다.

끝.

세상 모든 사람이 납으로 금을 만든다고 상상해봐.
그리되면 금은 제 가치를 잃게 될 거야.
끈기 있게 연구한 사람만이
'위대한 업'을 이룰 수 있지.
- 연금술사

나는 아쉬람을 떠나 귀국길에 올랐다. 아쉬람 사무실 직원
들이 모두 나와 나를 배웅했다. 그들과 일일이 포옹하고 기념
사진을 찍었다. 그들은 내가 탄 택시가 보이지 않을 때까지
바라봤다. 아쉽다. 그러나 태어나면 반드시 죽듯이 만남은 반
드시 헤어짐으로 끝난다. 그러나 그 헤어짐이 다음 만남의 필
수조건이다. 그러니, 우리는 헤어짐도 죽음까지도 아쉬워하
지 말아야 한다.

히말라야 리시케시를 떠나 데라둔공항에 도착해 다시 델
리행 비행기를 탔고, 델리의 인디라 간디 공항에서 올 때처럼
야간 비행기를 타고 한국의 인천 공항을 향해 날아갔다. 다시

리시케시에 올 때처럼 지금 나는 칠흑 같은 히말라야 상공을 날고 있다. 한 티끌의 거짓도 없어야 하는 진실의 시간이다. 다시 나는 스스로 묻는다. 너는 무엇을 성취했나?

올 때처럼 번개가 치지는 않았지만, 그때처럼, 나는 나를 향해 무한히 확장된 의식의 분명한 존재와 함께 있다. 그 존재에 의식을 집중하자 벅찬 기쁨과 환희가 몸과 마음에 가득 차고 흘러넘쳤다. 신은 내 안에 있었다. 이제 나는 언제든 신의 기쁨과 환희 속에 머물 수 있다.

그렇다. 굳이 수천 킬로미터를 날아갈 필요는 없었다. 모두 내 안에 있었으니까. 그렇다면, 굳이 너는 소중한 걸 포기할 필요가 없었지 않나? 잘못된 선택이 아닌가? 그건 아니다. 석가모니 부처님도 왕국을 버리지 않았다면 내면의 부처를 발견하지 못했을 것이다. 연금술사도 양떼를 버리고 피라미드를 찾아 떠나지 않았다면 가까이 있는 보물을 발견하지 못했을 것이다. 신은 분명히 내 안에 있다. 그러나 먼저 내 안으로 들어가는 길을 찾아야 한다.

인도를 향할 때 밤하늘에 폭죽처럼 터졌던 번개는 내 안의 신이 보낸 표지였다. 나의 신은 언제나 깨어 있으며 잠시도 쉬지 않고 나를 이끌었다. 이게 바로 연금술사가 말한 표지였고, 이 표지를 진실하게 읽고 가감 없이 마주하는 것이 신과 대화하는 방법이었다.

　나는 수천 번의 반복 체험을 통해 내 안의 신과 대화하고 내 안의 천국에 숙달했다. 이제 잠깐의 집중으로도 빛의 환희와 기쁨 속에 머무는 데 익숙해졌다. 나는 내 안의 신과 벗어날 수 없는 사랑에 빠졌다. 천국은 내 안에 있다.

　　삼매에 의해 마음의 더러움을 제거하고,
　　진아 속으로 들어가는 사람은 환희가 찾아온다.
　　이 환희는 말로는 기술할 수 없고
　　다만 자기의 경험으로 이해될 뿐이다.
　　- 우파니샤드

작가의 말

이 책은 나를 찾아 떠난 이야기다. 떠나지 않으면 현재의 한계를 벗어날 수 없다. 그 선택이 정확했는지는 중요하지 않다. 한계를 벗어나려 시도했다는 것만으로 충분한 의미가 있다. 실패하더라도 언젠가는 결국 새장을 뚫고 창공으로 날아갈 테니까.

나를 찾아 떠나는 길이 생각보다 힘들지만은 않다. 나름의 낭만과 보람이 있다. 나는 지금까지 수없이 길을 떠났고 그때마다 늘 이어폰으로 요요마의 첼로연주와 히말라야의 속삭임을 들었다.

이른 주말 아침 떠나는 기차 안일 때도 있었고 냉기 가득한 자동차 안일 때도 있었고 낯선 공항에서 다음 비행기를 기다릴 때도 있었다. 외롭기도 하고 쓸쓸하기도 했지만 평화롭고 아름다운 슬픔 속에 안긴 듯한 혼자만의 행복이 있었다. 나는 이 행복을 쓰고 싶었다.

2023년 3월에 발표된 넷플릭스 다큐멘터리 〈나는 신이다〉가 대한민국에 큰 충격을 주었다. 우리나라에 자칭 메시아, 자칭 신이라고 하는 사이비 교주가 100명이 넘고 따르는 신도들도 수백만 명이라고 한다.

모두 신이 내 안에 있지 않고 내 밖에 있다고 오해하기 때문이다. 내 안의 신에 대해 정확히 알려면 끊임없이 자신에게 묻고 진실하게 찾아야 한다. 그것이 바로 나를 찾아 떠나는 여행이다. 떠나기 귀찮아 안주하고 의심이 들어도 뭉개고 주저하면 평생 사이비에게 속아 노예처럼 살아야 한다.

영혼의 올바른 지도자 파라마한사 요가난다는 분명하게 말했다. 예수가 다시 이 땅에 육체를 입고 재림하는 일은 없다. 예수가 말한 재림의 진짜 의미는 각자의 내면에 있는 그리스도를 발견하라는 것이지 예수가 육체를 입고 이 땅에 다시 태어난다는 의미가 절대 아니라고.

민족의 수련법을 공개한 청산선사도 똑같이 말했다. 미륵

불彌勒佛은 하늘에서 미륵불이 인간계로 직접 내려온다는 의미가 아니라, 우리 각자가 수련을 통해 자신의 굴레[勒]를 벗어나는 방법[彌]을 깨닫는 것[佛]이다.

신은 내 안에 있다.
논란할 여지도 없이 분명하게 내 안에 있다.
문제는 어떻게 찾는가다.

21세기 인류문명의 최고봉 스마트폰은 누가 개발했을까? 스티브 잡스? 빌 게이츠? 삼성? 우리가 모두 아는 것처럼 딱 꼬집어 누가 개발했다고 하기는 어렵다. 여럿이 함께 각자의 기술과 아이디어를 융합해 만들었다는 게 타당하다. 인류는 분열이 아닌 융합으로 최고의 상품을 만들었고 함께 누리고 있다.

종교와 수련법도 마찬가지다. 이제는 인류의 생존을 위해 이기적인 싸움과 비난을 중단하고 스마트폰처럼 각자의 특징을 융합해 최상의 수련법을 만들어야 한다.

우리의 국선도는 기초를 다지고 쿤달리니를 각성하는데 최고의 수련법이다. 우주의 근본원리인 음양 오행에서 착안했기 때문에 육체가 강해지고 에너지가 잘 축적된다. 그러나 축적된 에너지를 높은 단계로 끌어 올리는데는 한계가 있다.

축적된 기운을 상승시키는 최고의 수련법은 인도의 크리야 요가다. 바가바드 기타에도 언급된 것처럼 크리야 요가는 기운의 통로인 척추의 차크라를 활성화해 의식을 상승시키는 데 최적의 수련법이다.

그런데, 이 둘의 결합으로도 완전하진 않다. 현대는 과학이 지배하는 시대라 현대인들을 이해시키고 설득하기는 부족하다. 그래서 수련의 융합은 과학적이어야 한다. 요가 니케탄의 마하라지는 사람의 눈에는 보이지 않는 미세한 영혼의 세계를 현미경으로 들여다본 것처럼 과학적으로 설명하고 그림으로 밝혔다. 이제 마하라지가 만들어 놓은 과학의 그릇에 모든 수련법과 종교를 융합해 인류를 위한 가장 빠르고 유용한 수련법을 뽑아내면 된다.

인류에게 그리 많은 시간이 남은 건 아니다. 빙하가 빠르게 녹고 있고 이미 기후는 재난이 되었다. 자본주의의 병폐와 도덕의 타락도 극에 이르렀고, 물 부족, 식량 부족, 전염병, 등등. 인류의 생존 가능시간이 갈수록 짧아지고 있다.

내 것만 위하고, 내 것이 아니면 시기하고, 보복하고, 응징하느라 인류의 생존이 위태롭게 되었다. 이제는 달라져야 한다. 올바른 수행으로 거듭 나야 한다. 이기심을 다스리고 화합해야 한다.

설령, 나를 실망 시키고 힘들게 했더라도, 심지어 내 선의
와 사랑을 비난하고 배신했더라도, 용서하고 사랑으로 품어
야 한다. 이것만이 불안한 인류에게 남은 유일한 희망이다.